KRÓTKA HISTORIA MATKI BOŻEJ DOBREGO
ZDARZENIA WRAZ Z NOWENNĄ.

Copyright © 2013 by Paul M. Kimball

Wszystkie prawa zastrzeżone

Żadna część tej książki nie może być powielana lub przekazywana, w żadnej formie, w jakikolwiek sposób, elektroniczny lub mechaniczny, włącznie z informatycznymi systemami pobierania danych, bez pisemnej zgody właściciela praw autorskich, za wyjątkiem recenzentów, którzy mogą cytować krótkie fragmenty w swoich recenzjach.

ISBN: 978-0-9883723-1-3

Dodatkowe kopie dostępne na Dolorosa Press:
http://www.dolorosapress.com/

Krótka historia Matki Bożej Dobrego Zdarzenia wraz z Nowenną

Jestem Matką Bożą Dobrego Zdarzenia, Królową Zwycięstwa.

Dolorosa Press
St. Saviour's House
St. Agnes Avenue
Bristol BS4 2DU

Matka Marianna od Jezusa Torres y Berriochaoa

Dusza Predestynowana

Nowoczesny człowiek jest przyzwyczajony wierzyć tylko w to co widzi i oceniać innych za to co posiadają, a nie za to kim są. Z tego powodu trudno jest zrozumieć odizolowane od świata życie klasztorne, obfite w ofiary i modlitwy, za pomocą którego Boża Opatrzność często przekazuje nam niezwykle ważne wiadomości.

Matka Marianna od Jezusa Torres, jedna z założycielek Królewskiego Klasztoru pod wezwaniem Niepokalanego Poczęcia w Quito, była wielką mistyczką, która osiągnęła stan ewangelicznej doskonałości wypełniając naukę Pana Jezusa w stopniu heroicznym. Bóg wybrał ją na depozytariuszkę serii objawień odnoszących się zarówno do czasu, w którym żyła, jak i do przyszłych wieków.

Urodzona w Hiszpanii, w prowincji Vizcaya, roku pańskiego 1563, Marianna od wczesnego wieku odczuwała powołanie do życia zakonnego. Od trzynastego roku życia nieprzerwanie obcowała ona ze światem nadprzyrodzonym. To właśnie wtedy, za pozwoleniem Króla Filipa II, opuściła swoją ojczyznę i w towarzystwie swojej ciotki Marii od Jezusa Toboada i innych zakonnic wyruszyła do Quito, w celu założenia pierwszego w obu Amerykach klasztoru ku czci Niepokalanego Poczęcia. Zgromadzenie zakonne, do którego należały siostry, zostało założone kilkadziesiąt lat wcześniej na hiszpańskiej ziemi, przez portugalską zakonnicę św. Beatriz de Silva.

W tym czasie katolicyzm w spokojnym i bezpiecznym tempie kwitł na Dworze Królewskim w Quito. Było to owocem wiary zaszczepionej przez gorliwość misjonarzy, rozwijanej przez odwagę osadników i konkwistadorów, jak i przez naturalną dobroć tubylców. Po tej chwalebnej przeszłości, pozostała jako dziedzictwo dzisiejszym Ekwadorczykom nieustająca wierność Kościołowi i zadziwiająca pobożność oraz liczne sanktuaria dedykowane Najświętszej Dziewicy, które przypominają Jej objawienia i niezliczone dobrodziejstwa. W niektórych z nich można znaleźć niezwykle piękne wizerunki czczone przez pielgrzymów z całego kraju. Z tych wszystkich powodów Ekwador może być słusznie uznany za relikwiarz Ameryki.

Klasztor Niepokalanego Poczęcia w Quito

W odpowiedzi na prośbę rady miasta oraz najważniejszych rodzin ekwadorskich, Jego Katolicka Wysokość Filip II, wysłał grupę zakonnic założycielek, pod przewodnictwem wielebnej Matki Marii Taboada od Jezusa, kuzynki samego króla.

Piekielny wąż

Moce piekielne nie mogły znieść rozprzestrzeniania się nabożeństwa do Niepokalanego Poczęcia po całym świecie, rozpętały więc niesamowity sztorm, który zagrażał zatonięciem okrętu, w którym podróżowały Hiszpańskie zakonnice. W środku zawieruchy Matka Maria i jej siostrzenica ujrzały olbrzymiego węża, który wzniecając fale próbował zniszczyć kruchy statek. Młoda Marianna krzyknęła z przerażenia i zemdlała, podczas gdy jej ciotka błagała Boga, by dostarczył pomocy w tej tragicznej chwili. Kiedy zakończyła swoją modlitwę, burza niespodziewanie ucichła. Niemniej jednak podczas wschodu słońca dał się słyszeć przerażający głos, mówiący: „Nie dopuszczę do tej Fundacji, nie pozwolę jej się rozwijać, nie pozwolę jej trwać przed końcem czasów i będę ją prześladować w każdej chwili jej istnienia."

Po dotarciu do Quito 30 grudnia 1576 roku hiszpańskie założycielki zostały przyjęte z wielką radością miejscowej ludności i zamieszkały w klasztorze, którego mury wciąż jeszcze były w trakcie konstrukcji. Bardzo szybko, dzięki rosnącemu ferworowi, kilka pierwszych młodych kobiet z miasta zostało dopuszczonych do życia w konwencie.

Założenie klasztoru

Gdy 13 stycznia 1577 roku wątły franciszkanin przyjął śluby zakonne sześciu założycielek Królewskiego Klasztoru pod wezwaniem Niepokalanego Poczęcia w Quito, powstał pierwszy konwent zakonnic klauzurowych w Ekwadorze i pierwszy klasztor Koncepcjonistek w Ameryce Łacińskiej. Młoda Marianna Torres nie złożyła swojej profesji w tej historycznej ceremonii tylko dlatego, że była jeszcze trzynastoletnią dziewczynką. Dokonała tego w wieku 15 lat, przyjmując imię Siostry

Statua Matki Bożej Dobrego Zdarzenia, umieszczona w chórze powyżej tronu kseni klasztoru w Quito.

Marianny od Jezusa. Podczas 59 lat klauzurowego życia, które było długą Drogą Krzyżową, Siostra Marianna przekształciła się w ekspiacyjną ofiarę składającą codzienne całopalenie z samej siebie na ołtarzu Bożej Sprawiedliwości.

Heroiczna zakonnica musiała stawić czoło buntowi niektórych ze swoich współtowarzyszek, które wypełnione diabelską nienawiścią, zwróciły się przeciwko niej i obrzucając ją oszczerstwami zdołały, pomimo jej stanowiska kseni, wtrącić ją do klasztornego więzienia. Uważały one, że jako przełożona Marianna była zbyt surowa i zanadto wymagająca w wypełnianiu Reguły Świętego Franciszka, która obowiązywała w Zakonie Niepokalanego Poczęcia od początku jego istnienia. Buntowniczki chciały nawet całkowicie odrzucić zwierzchnictwo Franciszkańskie, któremu Zgromadzenie było poddane i knując spisek chciały otrzymać z Rzymu zgodę na przejście pod jurysdykcję miejscowego biskupa. Kiedy wierne zakonnice dostrzegły opuszczenie, w jakim się znalazły i ryzyko upadku klasztoru pojawiła się Niepokalana[1]...

Jestem Matką Bożą Dobrego Zdarzenia

2 lutego 1610 roku o godzinie pierwszej nad ranem Matka Marianna leżąc krzyżem w chórze klasztornej kaplicy, gorliwie błagała Najświętszą Marię Pannę o zaradzenie trudnej sytuacji konwentu i młodej katolickiej kolonii oraz o Jej osobistą pomoc we wszystkich potrzebach Kościoła. Podczas swych żarliwych modlitw zauważyła ona, że ktoś obok niej stoi... i słodkim głosem wzywa ją po imieniu. Była to Pani nadzwyczajnej urody, otoczona blaskiem jaśniejszym od słońca, przybrana wspaniale błyszczącą koroną. W swojej lewej ręce trzymała ona Dziecko, piękne jak poranna gwiazda, w prawej zaś, jako znak jej autorytetu i prawa własności nad konwentem, znajdowały się klucze do klasztoru i piękny złoty pastorał, zdobiony wspaniałymi szlachetnymi kamieniami. W swym zachwycie i w porywie emocji zakonnica zapytała:

Kim jesteś Piękna Pani i czego sobie życzysz ode mnie, prostej poku-

Matka Boża Dobrego Zdarzenia przekazuje Matce Mariannie miarę swojego wzrostu potrzebną do stworzenia statuy.

tującej zakonnicy?

Pani łagodnym i przyjemnym głosem odpowiedziała:

Jestem Matką Bożą Dobrego Zdarzenia, Królową nieba i ziemi. Ponieważ wzywałaś mnie z takim uczuciem i gorliwością, przybywam z nieba by pocieszyć twoje cierpiące serce. Twoje modlitwy, łzy i ofiary bardzo podobają się naszemu niebieskiemu Ojcu... Jak widzisz, w mojej prawej ręce trzymam pastorał, ponieważ pragnę rządzić tym klasztorem jako Przeorysza i Matka... Szatan chce zniszczyć to dzieło Boże... ale nie może mu się powieść, ponieważ jestem Królową Zwycięstwa i Matką Dobrego Zdarzenia, pod tymi tytułami chcę działać cuda w każdym wieku... Chcę wzmocnić twoje serce tak aby żadne cierpienie nie mogło cię zwyciężyć. Twoje życie będzie długie dla chwały Boga i Jego Matki, która do ciebie mówi. Mój Przenajświętszy Syn uczy cię cierpieć w przeróżnych formach i żeby zaszczepić w tobie odwagę, której potrzebujesz, oddaję Go tobie. Weź Go w swoje ramiona.

Gdy Marianna objęła Dzieciątko Jezus, poczuła wielkie pragnienie cierpienia i oddawania się jako ofiara dla zaspokojenia Bożej Sprawiedliwości, jeśli byłoby to możliwe aż do końca świata. Najświętsza Dziewica pozostała w klasztorze do godziny trzeciej nad ranem.

Kseni Klasztoru

Krótki czas potem Błogosławiona Pani dała poznać swoją wolę bycia czczoną w klasztorze jako wieczysta kseni:

Jest wolą mojego Przenajświętszego Syna, abyś kazała wykonać moją statuę w takiej formie, jak mnie teraz widzisz i postawiła ją ponad tronem kseni klasztoru. Umieścisz w mojej prawej ręce pastorał i klucze klasztorne jako znak mojego autorytetu i panowania. W mojej lewej ręce umieścisz mojego Boskiego Syna. Ja sama będę rządzić tym klasztorem.[2]

Najświętsza Dziewica przyjęła klasztor za swoją własność, zapewniając mu specjalną ochronę przeciwko atakom diabła, wskazując dodatkowo, że nabożeństwo do Matki Bożej Dobrego Zdarzenia jest w stanie uzyskać litość i przebaczenie dla każdego grzesznika, który zwróci się do Niej ze skruszonym sercem, ponieważ to Ona jest Matką Miłosierdzia.

Wymiary statuy

Matka Marianna wahała się. W jaki sposób można wykonać tak trudne zadanie? Po pierwsze, jak otrzymać autoryzację miejscowego biskupa? Następnie, jak pozyskać niezbędne środki i jaki artysta byłby zdolny wykonać taką figurę? „O Pani," obstawała zakonnica „jak to wszystko może być przeze mnie przeprowadzone, skoro nawet nie znam Twojego dokładnego wzrostu?"

Podaj mi sznur franciszkański, który nosisz wokół pasa, odpowiedziała Najświętsza Dziewica. I w tym samym momencie, w obecności trzech Archaniołów, Świętego Michała, Świętego Gabriela i Świętego Rafała którzy uczynili głęboki pokłon w Jej kierunku, wzięła sznur, umieściła jeden z jego końców na wysokości swojej głowy, każąc Siostrze Mariannie dotknąć swoich stóp drugim końcem. Gdy okazało się, że sznur jest za krótki, w cudowny sposób przedłużył się on do dokładnego wzrostu Najświętszej Maryi Panny.

Moja córko, teraz masz miarę wzrostu twojej Niebieskiej Matki. Daj ją mojemu słudze Franciszkowi del Castillo, opisz mu mój wygląd i posturę. Wykona on wiernie moją statuę, ponieważ ma on delikatne sumienie i skrupulatnie wypełnia wszystkie przykazania Boże i kościelne. Nikt inny nie byłby godzien tej łaski. Ze swojej strony wspieraj go swoimi modlitwami i pokornymi ofiarami.

Pełna szczęścia zakonnica wzięła tę cenną relikwię i nosiła ją na sobie przez resztę swojego życia.

Błogosławiona Dziewica nalega

W następnych objawieniach Matka Boża Dobrego Zdarzenia prosiła ponownie, by Marianna kazała wykonać statuę, ganiąc ją za zwłokę. Aby ją do tego przekonać, przepowiedziała przyszłość Ekwadoru, jego biskupa i wiele innych wydarzeń, takich jak proklamacja dogmatów o Nieomylności Papieża i o Niepokalanym Poczęciu.

Moja umiłowana córko, dlaczego jest ci tak ciężko na sercu?... Jak wiele ukrytych zbrodni popełnia się w tym kraju i w jego sąsiedztwie. To właśnie dlatego klasztor został założony w tym miejscu, aby Bóg został przebłagany tam, gdzie często jest obrażany i nieznany. I właśnie z tego powodu diabeł, wróg Boga i wszystkich sprawiedliwych, teraz jak i w przyszłych wiekach będzie próbował użyć całej swojej przebiegłości, aby zniszczyć ten konwent.[3]

Jeszcze dziś, o świcie słońca, pójdziesz do biskupa i powiesz mu, że rozkazuję, by moja statua została zrobiona i umieszczona przed moją wspólnotą, po to abym mogła całkowicie objąć ten tytuł, który pośród tak wielu innych, również do mnie należy. A na dowód prawdziwości tego, co mu przekażesz, powiesz mu, że umrze w ciągu najbliższych dwóch lat i dwóch miesięcy, mając od tej chwili czas, by przygotować się do wieczności, ponieważ jego śmierć będzie gwałtowna.[4]

Biskup

Po długim wahaniu, Matka Marianna w końcu zdecydowała się na rozmowę z jego Ekscelencją Salvadorem de Ribera. Biskup natychmiast się zgodził:

Wielebna Matko, dlaczego tak długo zwlekałaś i nie przyszłaś do mnie z tym wcześniej? To sam Bóg to wszystko zarządził, a my nie możemy być głusi i ignorować Jego woli. On ma prawo wymagać od swoich stworzeń wszystkiego co Sam uważa za stosowne.

Rzeźbiarz

Franciszek del Castillo, ze swej strony, uznał się niegodnym bycia rzeźbiarzem tak wybitnej statuy, deklarując jednocześnie, że wykona tę pracę najlepiej jak tylko potrafi. Gdy został zapytany o to, jakie wynagrodzenie by go zadowalało, odpowiedział, że sam wybór do tak wzniosłego zadania jest dla niego wystarczającą zapłatą. Odbył spowiedź, przyjął Komunię Świętą i 15 października 1610 roku zabrał się za tak długo oczekiwane dzieło.

Pracował całymi dniami, zawsze pod przewodnictwem Matki Marianny. Przyglądające się jego pracy, zakonnice z konwentu były oczarowane tym co z dnia na dzień powstawało na ich oczach. Kiedy brakowało już tylko kilku ostatnich pociągnięć pędzla, artysta zobaczył, że figura aczkolwiek satysfakcjonująca, daleka była od tego co widziała Matka Marianna. Franciszek opuścił wtedy klasztor w poszukiwaniu najlepszych możliwych farb i lakierów, by dokończyć swoje dzieło.

Ku swemu zdziwieniu, po powrocie zauważył, że figura jest już skończona. Padając na kolana wykrzyknął: „Wielebna Matko, czym jest to co widzę? Ta przepiękna statua nie jest dziełem moich rąk. Nie potrafię wyrazić, co czuje moje serce, ale to może być tylko dzieło aniołów, gdyż ręka ludzka nie mogła tego uczynić. Och, nie! Żaden rzeźbiarz, niezależnie od tego jak utalentowany, nie byłby w stanie odwzorować takiej perfekcji i tak wspaniałej piękności." Natychmiast, w obecności biskupa, złożył on pisemną przysięgę, zeznając, że to, co stało się z figurą nie jest jego dziełem i że znalazł ją po swoim powrocie w zupełnie odmienionej formie od tej, jaką zostawił sześć dni wcześniej.

Aniołowie

Co zatem wydarzyło się, podczas gdy rzeźbiarz był w podróży? Kto dokonał tak nadzwyczajnego cudu? Matka Marianna opisała te wydarzenia następująco:

Podczas modlitw wspólnotowych, po południu 15 [stycznia 1611 r.], Bóg przepowiedział mi, że o świcie 16 [stycznia 1611 r.] będę świadkiem Jego miłosierdzia względem naszego klasztoru i całego narodu. Poprosił mnie, abym przygotowała się do otrzymania tych łask przez pokutę i całonocne modlitwy. Uczyniłam więc według Jego woli. Aniołowie Święty Michał, Święty Gabriel i Świty Rafał stawili się przed tronem Królowej Nieba. Święty Michał czyniąc ukłon powiedział do Niej ulegle: „Przenajświętsza Maryjo, Córko Boga Ojca." Święty Gabriel dodał: „Przenajświętsza Maryjo, Matko Boga Syna." A Święty Rafał zakończył: „Przenajświętsza Maryjo, Najczystsza Oblubienico Ducha Świętego." I natychmiast wezwali niebieski legion wraz z którym wspólnie zaśpiewali: „Przenajświętsza Maryjo, Błogosławiona Świątynio całej Trójcy Świętej."

Niebiańskie Dłonie

Matka Marianna kontynuuje:

W tym objawieniu Św. Franciszek z Asyżu, w towarzystwie trzech Archaniołów i całego niebiańskiego legionu, zbliżył się do niedokończonej jeszcze figury i w jednej chwili przerobił ją... nadając jej nieporównywalną piękność, której żadna ludzka ręka nie byłaby w stanie uczynić.

Siostra Marianna była świadkiem, jak farba naniesiona przez Franciszka del Castillo spłynęła na podłogę, powierzchnia statuy stała się gładsza, a rysy bardziej niebiańskie. Najświętsza Dziewica otoczona była niezwykłym blaskiem, jakby znajdowała się wewnątrz słońca. Z wysoka spoglądała Trójca Święta, zadowolona z tego co miało miejsce, a aniołowie śpiewali dziękczynne hymny. Po środku tej radości, Królowa Niebieska osobiście, jak promień słońca przechodzący przez przepiękny kryształ, weszła w statuę, która jakby ożyła, spoglądając olśniewająco i z niebiańską harmonią, sama zaśpiewała *Magnificat*. Aniołowie śpiewali hymn *Salve Sancta Parens*.[5] Wszystko to wydarzyło się o trzeciej nad ranem.

Nad ranem tego samego dnia, siostry słyszały w klasztorze anielskie hymny i widziały krużganek klasztorny całkowicie oświetlony niebiańskim blaskiem, a widząc statuę, zrozumiały, że ręka która wyrzeźbiła to cudo czerpała inspirację nie z tego świata.

Markiza

Wciąż konieczne było dostarczenie ozdób które Najświętsza Maria Panna pragnęła umieścić na figurze po jej ukończeniu. Wykonane zatem zostały klucze ze srebra. Kapituła wzięła na siebie zadanie dostarczenia złotej korony, a Markiza Maria de Solanda, krewna króla Hiszpanii, podarowała pastorał. Kiedy dowiedziała się ona o poszukiwaniach darczyńcy pastorału, osobiście zwróciła się do Siostry Marianny: „Wielebna Matko, czułabym wielki żal, gdybyś o mnie nie pomyślała. Dziękuję Ci za twoją uwagę i sympatię, ale pozwól mi powiedzieć, że w żadnym wypadku nie pozwoliłabym komukolwiek innemu dostarczyć pastorału dla mojej Pani i Niebieskiej Matki. Do jego wykonania zorganizuję materiał i odpowiednich rzemieślników. Stać mnie na to, a nawet gdyby było inaczej, sprzedałabym swój majątek, aby pozyskać środki. Proszę, powiedz mi tylko, jak ma wyglądać ten pastorał, a ja zajmę się resztą."

Konsekracja

Aby całkowicie wypełnić żądania Królowej Nieba, 2 lutego 1611 roku biskup Ribera poświęcił błogosławioną figurę, nadając jej imię „Maryi Dobrego Zdarzenia od Oczyszczenia lub Gromnicznej." Przed tym wydarzeniem odprawiona została pierwsza nowenna ku czci tak chwalebnego tytułu, która zakończyła się uroczystą konsekracją. Po namaszczeniu statuy świętymi olejami, tak jak się czyni z katedrami lub sanktuariami, biskup Ribera umieścił pastorał i klucze do klasztoru w prawej ręce figury, oddając w ten sposób na zawsze cały konwent i wszystkich jego mieszkańców w matczyną opiekę Najświętszej Marii Panny. Tym samym spełniło się to, co Nasza Pani przekazała Siostrze Mariannie: „Wtedy, w jednej chwili, wezmę w posiadanie cały ten mój dom i będę go chronić przed każdą krzywdą, oraz zachowywać go od wszelkiej zdrożności aż do końca czasów, wymagając od moich córek ciągłego ducha miłości i ofiary."

„Nie mogę zrobić dla was więcej, by pokazać swoją miłość."

Bitwa pod Pichincha odbyła się 24 maja 1822 roku. Zginęło w niej sześciuset ludzi, trzystu trzydziestu zostało rannych łącznie po obu stronach, a tysiąc dwustu sześćdziesięciu hiszpańskich żołnierzy dostało się do niewoli. Matka Boża Dobrego Zdarzenia przepowiedziała, że Ekwador odłączy się od Hiszpanii i stanie się niepodległą Republiką, a Dzieciątko Jezus objawiło się około dwustu lat wcześniej w miejscu decydującej bitwy.

Dzieciątko Jezus z Pichincha

W roku 1628, Matka Boża Dobrego Zdarzenia powiedziała do Siostry Marianny:

Podnieś swoje oczy i spójrz w kierunku góry Pichincha, gdzie mój Boski Syn którego noszę w swoich ramionach, zostanie ukrzyżowany. Przedstawiam ci Go z Krzyżem, aby mógł On obdarzyć wszelką pomyślnością ten naród, który otrzyma szczególne błogosławieństwo, kiedy będę znana w całym kraju i czczona pod imieniem Matki Bożej Dobrego Zdarzenia.

Na górze Pichincha, Boskie Dziecko w wieku około 12 lat, z niezwykle piękną biało-rumianą twarzą, położyło się krzyżem na ziemi i powiedziało do Boga Ojca:

Mój Ojcze i Wieczny Boże, spójrz łaskawie na ten niewielki kawałek ziemi, który dajesz Mi dzisiaj. Spraw, aby moje kochające i czułe Serce oraz Serce Mojej Przenajświętszej Matki mogły nad nim królować jako dwaj absolutni władcy.

Powiedziawszy te słowa Dziecko objęło ramionami Krzyż i płacząc zostało na nim ukrzyżowane. Jego łzy były zbierane przez Archaniołów, Świętego Michała, Świętego Gabriela i Świętego Rafała, którzy skropili nimi cały naród.

Spojrzenie młodego Jezusa objęło cały Ekwador i pośród swych płaczów powiedział:

Nie mogę zrobić dla was więcej by pokazać swoją miłość.

Ofiara naszych czasów

Życie Służebnicy Bożej, Matki Marianny od Jezusa Torres, było nieprzerwaną serią Boskich interwencji, objawień i cudów. Ponieważ w swoim niecodziennym powołaniu była ona przeznaczona do ekspiacyjnej ofiary za grzechy całego świata, a szczególnie za grzechy Ekwadoru, Nasz Pan nie szczędził jej niczego co mogłoby pomóc w jej oczyszczeniu i udoskonaleniu. Nasz Stwórca dopuścił, aby była ona mocno doświadczona przez diabła, który często przedstawiał się pod postacią węża, grasując wokół niej dniami i nocami. Sława jej świętości obiegła całe Quito, a jego mieszkańcy poszukując nadprzyrodzonych łask, tłumnie przybywali do niej, nazywając ją swoją małą Matką. Jej imię osiągnęło tak niezwykły rozgłos, że małe dziewczynki jeszcze za jej życia były nim chrzczone. Jedną z nich była właśnie mała Święta Marianna od Jezusa Paredes, urodzona w czasach Matki Marianny i która nawet uczestniczyła później w pogrzebie świętej założycielki. Podczas tej żałobnej ceremonii wyznała ona głośno: **Umarła prawdziwa święta!** Podczas swojego życia Siostra Marianna od Jezusa Torres otrzymała dary bilokacji i lewitacji, uzdrawiała chorych, godziła zwaśnione rodziny i nawracała grzeszników. Ale bez żadnej wątpliwości największe znaczenie w jej życiu miały objawienia Matki Bożej Dobrego Zdarzenia.

Objawienia

Objawienia, którymi zakonnica została obdarzona, a w szczególności te dotyczące naszych współczesnych czasów, są imponujące ze względu na swoją szczegółowość i precyzję. Wśród wielu detali, jakie Siostra Marianna zrelacjonowała biskupowi, jest coś co w dużej mierze tyczy się naszych dni, mianowicie to, że wizje Matki Marianny i jej objawienia miały być znane na całym świecie dopiero od dwudziestego wieku, by pomóc duszom żyjącym **w czasie schyłku i ogromnego upadku wiary**.

Jest wolą Bożą, by zachować ten tytuł i informacje o twoim życiu dla tego wieku, w którym rozkład moralności będzie powszechny, a najcenniejsze światło wiary prawie całkowicie wygaśnie.[6]

8 grudnia 1634 roku Królowa Nieba i Ziemi przepowiedziała:

Pocieszający tytuł Dobrego Zdarzenia... będzie podtrzymywał i chronił wiarę w obliczu całkowitego zepsucia XX wieku.

Obraz użyty przez chrześcijańskiego męża stanu Garcię Moreno do poświęcenia Ekwadoru Najświętszemu Sercu Pana Jezusa w 1873 roku. Moreno został zamordowany w 1875 roku. Ojciec Mateo Crawley, twórca idei Intronizacji NSPJ w rodzinach, wykorzystał ten obraz jako sztandar swojej ogólnoświatowej krucjaty o społeczne panowanie Najświętszego Serca Jezusowego, którą prowadził przez pięćdziesiąt lat swojego życia.

Proroctwa już spełnione

Najświętsza Maryja Panna w swoich przesłaniach naszkicowała także rys historii Ekwadoru zarówno co do jego powstania, jak i do jego przyszłości. By udowodnić wiarygodność proroctw, obejmujących różne epoki, a sporządzonych przez jedną osobę, dobrze byłoby sprawdzić, czy niektóre z nich już się wypełniły, a jeśli tak, to w jaki sposób. W przypadku Siostry Marianny, większość objawień, które przekazała jej Najświętsza Maryja Panna doczekało się już swojego dokładnego wypełnienia w historii.

Niepodległość Ekwadoru

Podczas objawień z 16 stycznia 1599 roku Niepokalana powiedziała do Siostry Marianny:

Kraj, w którym żyjesz przestanie być kolonią a stanie się wolną republiką o nazwie Ekwador, która będzie potrzebować bohaterskich dusz do zachowania jej pośród wielu publicznych i prywatnych nieszczęść.

Proroctwo to wypełniło się dwieście lat później

Poświęcenie Ekwadoru Najświętszemu Sercu Pana Jezusa

Podczas tego samego objawienia Najświętsza Dziewica powiedziała:

W dziewiętnastym wieku będzie żył prawdziwy katolicki prezydent, człowiek charakteru, któremu Nasz Pan wręczy palmę męczeństwa, na tym samym placu, na którym znajduje się ten mój klasztor. Poświęci on Republikę Najświętszemu Sercu Mojego Syna

i ta konsekracja podtrzyma religię katolicką podczas następnych lat, które będą niepomyślne dla Kościoła.

25 marca 1874 roku heroiczny prezydent Gabriel Garcia Moreno uczynił Ekwador pierwszym w historii państwem poświęconym Najświętszemu Sercu Pana Jezusa. 6 sierpnia 1875 roku zginął zamordowany przez wrogów wiary katolickiej, na tym samym Placu Niepodległości na którym do dziś zlokalizowany jest klasztor Niepokalanego Poczęcia. Jego ostatnimi przed śmiercią słowami były: **Bóg nie umrze nigdy!**

Proklamowanie Dogmatu o Niepokalanym Poczęciu i Wniebowzięciu Najświętszej Maryi Panny

Podczas objawień 2 lutego 1634 roku Matka Boża Dobrego Zdarzenia umieściła w ramionach Matki Marianny Dzieciątko Jezus, które jej wyjawiło:

Dogmat o Niepokalanym Poczęciu mojej Najświętszej Matki zostanie ogłoszony, gdy Kościół będzie atakowany, a mój Wikariusz na ziemi stanie się więźniem. Ten o Jej Wniebowzięciu z ciałem i duszą do nieba, zaraz po tym, gdy Kościół wyjdzie z krwawej kąpieli.

8 grudnia 1854 roku, Papierz Pius IX, pośród okropnego prześladowania Kościoła ogłosił dogmat o Niepokalanym Poczęciu, a 15 sierpnia 1950, po zakończeniu II Wojny Światowej, Pius XII proklamował dogmat o Wniebowzięciu.

Kanonizacja Matki Beatriz de Silva

W swoim duchowym testamencie, Siostra Marianna od Jezusa Torres, mówiąc do swoich córek o unii Koncepcjonistek z Franciszkanami powiedziała:

Ktokolwiek chciałby rozdzielić Franciszka [z Asyżu] i Beatriz [założycielkę Zgromadzenia] nie należy prawdziwie do Franciszkańskiego Zakonu Koncepcjonistek. A więc ani Święty Ojciec Franciszek, ani nasza Błogosławiona Matka Beatriz nie rozpoznają go jako swojego dziecka. Ona zostanie wyniesiona na ołtarze w XX wieku.[7]

I dokładnie tak się stało. Święta Beatriz de Silva została kanonizowana podczas pontyfikatu papieża Pawła VI, 3 października 1976 roku, to jest 500 lat po swojej śmierci

Proroctwa, które spełniają się na naszych oczach lub dopiero się spełnią

Aby ukazać siłę napędową katastrofalnego kryzysu wiary i moralności jaki będzie miał miejsce w XIX i XX wieku, Matka Boża Dobrego Zdarzenia wskazuje w swoich proroctwach herezje i sekty, lub ogólnie rzec sektę masońską. Będą one miały siłę by wedrzeć się do ognisk domowych, przez skażenie w zgubny sposób wszystkich obszarów ludzkiej działalności.

Zepsucie dzieci

...w tym co teraz jest kolonią, a w przyszłości będzie Republiką Ekwadoru, wybuchną namiętności i spowodują całkowity rozkład obyczajów, ponieważ szatan będzie prawie kompletnie królował za pomocą sekt masońskich. Będą one skupiać się w głównej mierze na dzieciach, by podtrzymywać to powszechne zepsucie... Biada dzieciom tych czasów! Będzie wtedy bardzo trudno otrzymać sakrament chrztu świętego, jak i sakrament bierzmowania. Będą one mogły otrzymać sakrament spowiedzi tylko jeśli pozostaną w kato-

„*Módl się nieustannie... aby mój Przenajświętszy Syn... miał litość dla swoich sług i położył koniec tym fatalnym czasom, wysyłając do swojego Kościoła Prałata, który odnowi w nich ducha kapłaństwa.*" Arcybiskup Marcel Lefebvre odniósł się bezpośrednio do tego proroctwa podczas swojego kazania 30 czerwca 1988 roku, w dniu konsekracji czterech biskupów dla Bractwa Kapłańskiego Świętego Piusa X.

lickich szkołach. Diabeł będzie próbował za wszelką cenę zniszczyć te szkoły używając do tego osoby sprawujące władzę...

...Sekta, przejmując kontrolę nad wszystkimi klasami społecznymi, wślizgnie się do ognisk domowych w tak subtelny sposób, że diabeł będzie szczycił się tym, iż karmi się znakomitym przysmakiem dziecięcych dusz...

...W tym tragicznym czasie, prawie całkowicie zaniknie dziecięca niewinność, a z tego powodu zaginą powołania kapłańskie, co będzie prawdziwą katastrofą.[8]

Powszechna nieczystość

... atmosfera będzie nasycona duchem nieczystości, który jak ohydny ocean, z zaskakującą łatwością zaleje ulice, place i miejsca publiczne w taki sposób, że nie znajdzie się prawie żadna dziewicza dusza na świecie.[9]

Profanacja sakramentów

Czuję ogromny ból, mówiąc ci, że będzie miała miejsce ogromna ilość publicznych świętokradztw, a także ukrytych profanacji Najświętszego Sakramentu Ołtarza! Mój Przenajświętszy Syn zostanie rzucony na ziemię i podeptany brudnymi nogami!

Sakrament kapłaństwa będzie wyszydzony, uciemiężony i wzgardzony. A ponieważ przez ciemiężenie i uwłaczanie Bożemu Kościołowi, robi się to samo z samym Bogiem, który jest reprezentowany na ziemi przez swoich kapłanów, diabeł będzie dążyć do prześladowania na wszelki sposób Bożych sług oraz z okrutną i subtelną przebiegłością będzie usiłował odwrócić ich od ducha ich powołania... Ten pozorny triumf szatana przyniesie ze sobą ogromne cierpienie dobrych prałatów Kościoła i większości dobrych księży...

Jeżeli chodzi o sakrament małżeństwa, który symbolizuje zjednoczenie Chrystusa ze swoim Kościołem, będzie on atakowany i głęboko sprofanowany w najpełniejszym tego słowa znaczeniu. Masoneria, która wtedy będzie u władzy, uchwali niesprawiedliwe prawo, którego celem będzie zniesienie tego sakramentu, legalizując życie w grzechu i wspierając przez to przychodzenie na świat nieślubnych dzieci, urodzonych bez błogosławieństwa Kościoła... W tym czasie, ze względu na fakt, że w tym biednym kraju będzie brakować ducha chrześcijańskiego, sakrament ostatniego namaszczenia będzie niewiele ceniony. Wielu ludzi umrze bez jego przyjęcia, albo z powodu na zaniedbanie ich rodzin, albo ze względu na fałszywy sentymentalizm odnośnie do ich chorych krewnych... [10]

Prałat, który odnowi katolickie kapłaństwo

Księża porzucą swoje święte obowiązki i odstąpią od ścieżki wyznaczonej im przez Boga. Wtedy Kościół będzie musiał przejść przez ciemną noc z powodu braku Prałata i Ojca, który czuwałby nad nim z miłością, łagodnością, siłą i rozwagą. Wielu kapłanów utraci Bożego ducha, stawiając swoje dusze w ogromnym niebezpieczeństwie. Módl się nieustannie... aby mój Przenajświętszy Syn... miał litość dla swoich sług i położył koniec tym fatalnym czasom, wysyłając do swojego Kościoła Prałata, który odnowi w nich ducha kapłaństwa.

Temu mojemu umiłowanemu dziecku, którego Mój Boski Syn i Ja kochamy ze szczególnym upodobaniem, ześlemy wiele darów pokory, uległości różnym natchnieniom, siły w obronie praw Kościoła oraz serca, którym, jak nowy Chrystus, zawładnie nad najpotężniejszymi i najmniejszymi tego świata, nie pogardzając nikim spośród nich. Ze świętą i niebiańską łagodnością będzie on prowadził dusze konsekrowane w służbie Bożej w domach zakonnych, bez obciążania ich jarzmem Pańskim cięższym, niż byłyby one w stanie unieść. Będzie on trzymał w swoich rękach szalę wagi świętego przybytku, aby wszystko dokonywane było w uporządkowany spo-

Cudowne poruszanie oczami figurki Matki Bożej Dobrego Zdarzenia, zwiastujące zakończenie działań wojennych pomiędzy Ekwadorem i Peru w 1941 roku zajmuje nagłówki krajowych gazet. Cud był widziany przez ponad 30 tysięcy ludzi.

sób ku chwale Boga. Ten Prałat i Ojciec będzie działał jako przeciwwaga dla letniości konsekrowanych dusz kapłańskich i zakonnych.[11]

Pierwotne źródło i ostateczne lekarstwo na kryzys w Kościele

Niespodziewanie nastaną fatalne czasy, w których przez zaciemnianie jasności własnego wzroku, ci którzy powinni bronić praw Kościoła bez służebnego strachu i ludzkiego względu, wyciągną swoje dłonie do wrogów Kościoła, robiąc to, co ci będą od nich chcieli. I niestety, pobłądzi również i mędrzec! Ten który rządzi Kościołem, pasterz trzody, którą Mój Przenajświętszy Syn powierzył jego opiece! Lecz gdy wydawać im się będzie, że już zwyciężyli i gdy sprawujący władzę nadużyją swojej siły, czyniąc niesprawiedliwość i uciskając słabych, ich koniec będzie blisko. Wtedy nastąpi ich upadek!

A Kościół szczęśliwy i triumfujący, jak delikatne małe dziecko pojawi się na nowo śpiąc słodko w tkliwych i czułych ramionach mojego wybranego i umiłowanego syna, który otrzyma dar słuchania natchnień łaski. Jednym z nich będzie przeczytanie tego co Ja i Mój Przenajświętszy Syn przekazaliśmy tobie. Napełnimy go specjalnymi łaskami i darami, uczynimy go wielkim na ziemi, a jeszcze bardziej w niebie, gdzie zarezerwowaliśmy dla niego bardzo cenne miejsce, ponieważ bez strachu przed ludźmi będzie on walczył dla prawdy i niewzruszenie bronił praw Kościoła, za co bez wahania można go będzie nazwać męczennikiem.

Triumf Kościoła

Kiedy wszystko wydawać się będzie stracone, będzie to początek triumfu Kościoła Świętego.

Po wstrząsających proroctwach dotyczących katastrof Kościoła i całej chrześcijańskiej cywilizacji, Matka Boża Dobrego Zdarzenia obiecała ostateczne całkowite zwycięstwo.

...Mała liczba dusz, która będzie strzec skarbu wiary i cnót, dozna okrutnych i nieopisanych cierpień, podobnych do przedłużającego się męczeństwa...

...Do wyzwolenia z niewoli otaczających herezji, ci których łaskawa miłość Mojego Najświętszego Syna przeznaczy do odnowienia, będą potrzebowali niezwykłej siły woli, stałości, odwagi, a przede wszystkim zaufania w Bożą pomoc. By wystawić na próbę wiarę i ufność sprawiedliwych, dojdzie do momentów, w których wszystko wydawać się będzie stracone i sparaliżowane. Wtedy nastąpi szczęśliwy początek całkowitej restauracji...!

Nastąpi wielka i przerażająca wojna, w której poleje się krew zarówno rodaków jak i cudzoziemców, zarówno księży świeckich jak i zakonników. Ta noc będzie najstraszniejsza, ponieważ wydawać się będzie ludziom, że zło zatriumfowało. W tym momencie, nadejdzie czas, w którym Ja w zadziwiający sposób, obalę dumnego i przeklętego szatana, przygniatając go swoją piętą i zagrzebując go w piekielnych czeluściach, pozostawiając w końcu Kościół i kraj wolny od tego okrutnego tyrana.[13]

Cud z 1941 roku

Figura Matki Bożej Dobrego Zdarzenia poprzez wieki strzegła Klasztoru Niepokalanego Poczęcia w Quito i była gwarancją nieustannych łask i ochrony dla Ekwadoru i jego mieszkańców... **To nabożeństwo będzie jaśniejącą tamą umieszczoną pomiędzy Bożą Sprawiedliwością, a tym zakłamanym światem, która odwróci wylanie się straszliwych kar na jakie zasługuje ten brudny świat...**[14] Aby Jej cudowna statua mogła być znana w całym kraju, Najświętsza Maryja Panna stała się sprawczynią najcudowniejszego wydarzenia jakie miało miejsce w Ekwadorze w XX wieku.

W 1941 roku Peru wtargnęło na terytorium Ekwadoru. W obliczu tego zagrożenia Arcybiskup Quito nakazał, aby w kościołach stolicy kraju wierni modlili się w trzydniowym nabożeństwie ku czci różnych tytułów Najświętszej Maryi Panny w intencji zaprzestania działań wojennych. 25 lipca Triduum ku czci Matki Bożej Dobrego Zdarzenia rozpoczęło się w kościele Niepokalanego Poczęcia. Trzy dni później, od godziny siódmej nad ranem w sobotę 27 lipca 1941 roku, do trzeciej nad ranem 28 lipca, przez dwadzieścia godzin, figura Matki Bożej Dobrego Zdarzenia poruszała swoimi oczami. Jej oczy zmieniały swoją barwę od czerwonawej do innej podobnej do marmurowej. Statua została pokryta pewnym rodzajem mgły, a gdy ona zniknęła, figura została otoczona nadprzyrodzonym blaskiem. Jej oczy, które normalnie spoglądają w dół, podczas cudu powoli zaczęły się unosić, aż do momentu w którym spojrzenie Świętej Dziewicy w błagalny sposób skierowało się w niebo. Następnie obniżały się one w kierunku zgromadzonych wiernych i na nowo zaczynały się wznosić powtarzając swój ruch za każdym razem w ten sam sposób.

Kiedy wiadomość o wydarzeniu się rozniosła, tłumy wiernych zalały kościół by przyjrzeć się cudowi, pozostawiając na boku międzynarodowe wydarzenia ogromnej wagi. Matczyne mruganie było widziane przez ponad trzydzieści tysięcy ludzi. Po południu tego samego dnia, 27 czerwca, gazety ogłosiły wstrzymanie działań wojennych z Peru. Wiadomości dotyczące cudownego wydarzenia zaczęły być publikowane począwszy od następnego dnia w gazetach całego kraju.

Ultimas Naticias:	28 lipca 1941 r.
El Telegrafo:	28 lipca 1941 r.
El Universo:	28 lipca 1941 r.
El Debate:	27, 28 i 29 lipca 1941 r.
La Sociedad:	3 sierpnia 1941 r.

La Voz Obrera: 10 sierpnia 1941 r.

La Voz Catolica de Loja: 5 i 12 października 1941 r.

El Comercio: 28 i 29 lipca oraz 3 sierpnia 1941 r.

Śmierć i Chwałą

O trzeciej nad ranem 2 lutego 1634 roku, Matka Marianna modliła się w chórze kiedy wieczna lampka świecąca się przy Najświętszym Sakramencie zgasła. Zakonnica próbowała wstać i ją na nowo zapalić, ale jakaś nieznana siła powstrzymywała ją od jakiegokolwiek ruchu. W tym momencie pojawiła się przed nią Matka Boża Dobrego Zdarzenia w swój zwyczajowy sposób trzymając Dzieciątko Jezus w swej lewej ręce a pastorał w prawej.

...Droga memu sercu córko... Przychodzę, aby przekazać ci radosną wiadomość, że za dziesięć miesięcy i kilka dni, w końcu zamkniesz swe oczy dla ziemskiego światła tego świata, a otworzysz je dla blasku wiecznego szczęścia... Przygotuj na to swoją duszę, oczyszczając ją jeszcze lepiej, byś mogła wejść do pełnej radości Pana.

I tak się też stało. Zdrowie Matki Marianny zaczęło się pogarszać, ale mimo to radziła sobie ona ze spełnianiem swoich zakonnych obowiązków na tyle, na ile było to dla niej możliwe. Lecz w końcu nadszedł czas kiedy konieczne było, by została w łóżku. Znając dzień i godzinę swojej śmierci, Siostra Marianna przekazała swoim umiłowanym córkom dokładny moment swojego przejścia do wieczności: 16 stycznia 1635 roku o godzinie trzeciej po południu. Miała wtedy 72 lata. Około godziny trzynastej tego błogosławionego dnia, poprosiła ona matkę przełożoną o zwołanie całej wspólnoty. Kiedy wszyscy się zjawili Siostra Marianna przeczytała im na głos swój wspaniały testament. Trzęsącym się od emocji głosem, ale stanowcza w wierze i z całkowitą szczerością, powtórzyła słowa jej umiłowanego Pana:

Jest stosowne dla was, abym odeszła, ale nie pozostawię was sie-

rotami. Idę do mojego Ojca i waszego Ojca, mojego Boga i waszego Boga, a Boski Pocieszyciel zstąpi, by was umocnić.[15]

Po otrzymaniu ostatniego namaszczenia, spokojnie zamknęła swoje oczy i przestała oddychać. Służebnica Boża, Marianna od Jezusa Torres, przeniosła się do lepszego świata.

Czterysta lat później, jej ciało, jak i ciała innych świętych założycielek Królewskiego Konwentu p.w. Niepokalanego Poczęcia w Quito, nadal pozostają nienaruszone w klasztorze zgromadzenia, oczekując dnia, w którym na rozkaz Naszego Pana Jezusa Chrystusa zmartwychwstaną do wiecznej chwały.

Nietknięte przez upływający czas ciało Matki Marianny jest widzialnym potwierdzeniem o misji jaką Najświętsza Maryja Panna jej powierzyła:

Musisz być siewcą świętości w tej wulkanistej ziemi... Twoje imię znane będzie na wszystkich kontynentach świata. Zostaniesz wyniesiona na ołtarze... i staniesz się największą opiekunką tego kraju poświęconego Najświętszemu Sercu Mojego Syna.

2 lutego 1991 roku, nieco ponad trzysta pięćdziesiąt lat później, figura Matki Bożej Dobrego Zdarzenia została za pozwoleniem Stolicy Apostolskiej kanonicznie ukoronowana.

Przypisy

[1] 2 lutego 1594 r.
[2] 16 stycznia 1599 r.
[3] 16 stycznia 1599 r.
[4] 21 stycznia 1610 r.
[5] „Witaj Święta Rodzicielko"
[6] 8 grudnia 1634 r.
[7] 16 stycznia 1635 r.
[8] 20 stycznia 1610 r.
[9] 2 lutego 1634 r.
[10] 20 stycznia 1610 r.
[11] 2 lutego 1634 r.
[12] 2 lutego 1634 r.
[13] 2 lutego 1634 r.
[14] 20 stycznia 1610 r.
[15] J. 16,7; J. 14,18; J. 20,17

NOWENNA

DO MATKI BOŻEJ DOBREGO ZDARZENIA

UŁOŻONA PRZEZ OJCA JOSÉ M. URRATE, S.J.

Pierwszy dzień Nowenny do Matki Bożej Dobrego Zdarzenia

Akt skruchy
Powtarzany na początku, każdego dnia nowenny

Wierzę w Ciebie, o mój Boże, lecz umocnij moją wiarę. Pokładam w Tobie moją nadzieję, lecz upewnij mnie w oczekiwaniu na wieczność. Kocham Cię, lecz powiększ moją miłość. Żałuję, że Cię obraziłem, ale wzbudź we mnie, Panie, jeszcze większą skruchę tak, abym za pomocą Twojej łaski i za wstawiennictwem Matki Bożej Dobrego Zdarzenia nigdy więcej nie zgrzeszył. O Boże, miej litość i miłosierdzie nade mną. Amen.

Modlitwa wstępna
Powtarzana każdego dnia nowenny

O najwspanialsza i niepokalana Królowo Nieba, Przenajświętsza Maryjo Dobrego Zdarzenia, najłaskawsza Córko Wiecznego Ojca, najukochańsza Matko Bożego Syna, najbardziej umiłowana Oblubienico Ducha Świętego, Czcigodna Świątynio Przenajświętszej Trójcy, w której Trzy Osoby Boże umieściły skarbiec swojej Potęgi, Mądrości i Miłości!

Pamiętaj, o Błogosławiona Maryjo Dobrego Zdarzenia, że Bóg uczynił Cię tak wielką, byś mogła przynosić ratunek nędznym grzesznikom. Pamiętaj, że Sama często obiecywałaś, iż ukażesz się jako miłosierna Matka wszystkim, którzy będą się do Ciebie uciekać. Przychodzę więc do Ciebie, najmiłościwsza Maryjo i błagam Cię, przez Twoją miłość do Najwyższego, abyś uprosiła mi u Boga Ojca żywą Wiarę, która nigdy nie utraci spojrzenia na wieczne prawdy; u Boga Syna niewzruszoną

Nadzieję, która zawsze będzie dążyć do osiągnięcia tej chwały, którą wysłużył mi On przez swoją Krew, a u Ducha Świętego gorącą Miłość, dzięki której do końca moich dni mógłbym kochać Wszechmogącego Boga i Ciebie, Przenajświętsza Dziewico, a za Twoim pośrednictwem cieszyć się radością wiecznej chwały w Niebie. Amen.

Chwalimy Cie Maryjo, jako Wyróżnioną Córkę Boga Ojca.
Zdrowaś Maryjo...

Chwalimy Cię Maryjo, jako Wybraną Matkę Boga Syna.
Zdrowaś Maryjo...

Chwalimy Cię Maryjo, jako Osobliwą Oblubienicą Ducha Świętego.
Zdrowaś Maryjo...
Chwała Ojcu...

Dzień pierwszy

Rozważmy, jak wspaniałe i nieporównywalne są cuda wszechmogącego Boga, który objawia skarby swojego miłosierdzia tym, których odkupił. Dlatego też, jeśli podziwiamy nadmiar Jego dobroci we wszystkich dobrodziejstwach jakimi nas ubogacił, jak mocniej powinniśmy zachwycać się i być wypełnieni wdzięcznością za największy dar z Jego ręki, najdoskonalsze i najbardziej uprzywilejowane stworzenie, Najświętszą Maryję Pannę, którą dał nam jako pocieszycielkę. W szczególności tym, którzy Mu służą i Go kochają z całego swojego serca, a pod różnymi tytułami i wezwaniami czczą Ją. Przez to nabożeństwo otrzymujemy niezliczone łaski, Jej osobistą pomoc i ochronę.

To było doświadczeniem prawdziwych czcicieli Matki Bożej, a szczególnie tych, którzy uciekali się do niej za pośrednictwem wspaniałej Statuy Dobrego Zdarzenia, która umieszczona była w Kościele przy Królewskim Szpitalu w Madrycie. Sam cudowny i niespodziewany sposób w jaki ten skarb został znaleziony na pustkowiu, wskazuje nam na jego wspaniałość i nadzwyczajność. Jak Bóg powiedział do Proroka Izajasza, da odnaleźć się tym, którzy Go nie szukali, a odsunie od Siebie tych, którzy nie uznali Jego dobroci i nie wierzyli w Jego hojność. W podobny sposób Nasz Pan, objawiając Swoją wolę niczego nie spodziewającym się mnichom, jasno zakomunikował, że pragnie, aby Jego Przenajświętsza Matka była czczona pod tytułem Matki Bożej Dobrego Zdarzenia.

Modlitwa

O Panie nieskończonej dobroci, przez cudowne stworzenie tej podobizny Najświętszej Marii Panny, dałeś nam potężną orędowniczkę, do której z całkowitym zaufaniem możemy uciekać się we wszystkich naszych potrzebach. Udziel nam wsparcia, o które z gorliwością i zaufaniem prosimy, abyśmy mogli znać i czcić Błogosławioną Dziewicę Maryję oraz Jej służyć, i w ten sposób za Jej pośrednictwem osiągnąć na tej ziemi nasze uświęcenie, a po tym życiu być u Jej boku szczęśliwymi w Niebie. Amen.

Akt dziękczynienia Najświętszej Maryi Pannie
Powtarzany każdego dnia nowenny

O Dziewico, błogosławiona między wszystkimi niewiastami! Brakuje nam słów, by podziękować Ci za wszystkie łaski, które otrzymaliśmy z Twoich rąk. Dzień Twoich narodzin, może być nazwany dniem pocieszenia, szczęścia i dziękczynienia. Tyś jest chlubą rodzaju ludzkiego, szczęśliwością Raju, umiłowanym darem Bożym i dobrobytem dla naszego kraju. Jak sobie zasłużyliśmy, o Błogosławiona Maryjo Dobrego Zdarzenia, by mieć Ciebie za naszą Matkę? Niech Bóg będzie na zawsze uwielbiony za to, że tak uczynił. Bądź pochwalona również i Ty, Przenajświętsza Dziewico, ponieważ pomimo tak wielkiej naszej niewdzięczności, okazałaś nam swoje względy.

Zatem Ty, najłaskawsza Matko, jesteś naszym pocieszeniem, ucieczką i wspomożeniem na ziemi, naszą obroną we wszystkich publicznych i prywatnych potrzebach. Strzeż nas przed wojną, zarazą, głodem, zawieruchą, trzęsieniem ziemi i wszystkimi innymi kataklizmami na które zasłużyliśmy. Módl się za Kościół Święty i za jego Widzialną Głowę. Usłysz błagania tych, którzy Cię wzywają. Bądź dla nas, którzy pokładamy w Tobie całą naszą nadzieję Rzeczniczką i Matką. Do Ciebie uciekamy się i za Twoim pośrednictwem spodziewamy się otrzymać od Twojego Syna przebaczenie za nasze grzechy i wytrwanie w łasce do godziny naszej śmierci. Amen.

Tutaj każdy powinien wznieść swoje serce do Boga i prosić Go za pośrednictwem Najświętszej Maryi Panny o szczególne dary i łaski, które pragnie otrzymać.

Modlitwa do Najświętszej Maryi Panny
Powtarzana każdego dnia nowenny

O Maryjo Dziewico, nasza Matko przekraczająca Swoją godnością wszelkie stworzenie.
Odpowiedź: *Przybądź nam z pomocą i pokaż nam Swoje Miłosierdzie, ponieważ Tyś jest naszą Matką.*

Ponad wszystkie inne, Tyś była baczna na Słowo Ojca, Który uczynił wielkie rzeczy na Twoją cześć.
Przybądź nam z pomocą i pokaż nam Swoje Miłosierdzie, ponieważ Tyś jest naszą Matką.

Tyś jest najcenniejszą Świątynią Trójcy Świętej.
Przybądź nam z pomocą i pokaż nam Swoje Miłosierdzie, ponieważ Tyś jest naszą Matką.

W Tobie jest ta sama czystość, jaką cieszą się Aniołowie.
Przybądź nam z pomocą i pokaż nam Swoje Miłosierdzie, ponieważ Tyś jest naszą Matką.

Chrześcijański świat głosi, że Ty panujesz po prawicy Króla Królów.
Przybądź nam z pomocą i pokaż nam Swoje Miłosierdzie, ponieważ Tyś jest naszą Matką.

O Matko wszelkiej łaski, nasza nadziejo, Przystani Rozbitków i

Gwiazdo Morska.
Przybądź nam z pomocą i pokaż nam Swoje Miłosierdzie, ponieważ Tyś jest naszą Matką.

Bramo Nieba, Zdrowie Chorych, Światłości w Ciemnościach.
Przybądź nam z pomocą i pokaż nam Swoje Miłosierdzie, ponieważ Tyś jest naszą Matką.

Poprzez Ciebie znajdziemy się przed Bogiem na dworze Świętych, gdzie On żyje i króluje na wieki wieków.
Przybądź nam z pomocą i pokaż nam Swoje Miłosierdzie, ponieważ Tyś jest naszą Matką.

Prowadź nasze kroki i strzeż nas, o przenajsłodsza Maryjo, w naszej ostatniej godzinie.
Przybądź nam z pomocą i pokaż nam Swoje Miłosierdzie, ponieważ Tyś jest naszą Matką.

Przyjmij pochwały płynące z naszych ust, które nie są w stanie wyrazić Twojego nadzwyczajnego majestatu.
Przybądź nam z pomocą i pokaż nam Swoje Miłosierdzie, ponieważ Tyś jest naszą Matką.

Antyfona: Przenajświętsza Maryjo, ratuj nędznych, wspomagaj słabych, pocieszaj cierpiących, oręduj za narodami, wstawiaj się za duchownymi, módl się za wszystkimi wiernymi. Pozwól wszystkim tym, którzy obchodzą Twoje święte wspomnienie, odczuć Twoją przychylność i opiekę.

V. Módl się za nami, Matko Boża Dobrego Zdarzenia!
R. Abyśmy stali się godnymi obietnic Chrystusowych.

Modlitwa końcowa
Powtarzana na końcu, każdego dnia nowenny

Prosimy Cię Panie Boże, racz za przyczyną Najświętszej Dziewicy

Maryi, udzielić nam zdrowia duszy i ciała, a przez Jej zasługi i przez zasługi Jej Najdostojniejszego Syna spraw, abyśmy byli wolni od obecnego zła i osiągnęli życie wieczne w Niebie. Amen.

Dzień drugi nowenny do Matki Bożej Dobrego Zdarzenia

Akt skruchy
Powtarzany na początku, każdego dnia nowenny

Wierzę w Ciebie, o mój Boże, lecz umocnij moją wiarę. Pokładam w Tobie moją nadzieję, lecz upewnij mnie w oczekiwaniu na wieczność. Kocham Cię, lecz powiększ moją miłość. Żałuję, że Cię obraziłem, ale wzbudź we mnie, Panie, jeszcze większą skruchę tak, abym za pomocą Twojej łaski i za wstawiennictwem Matki Bożej Dobrego Zdarzenia nigdy więcej nie zgrzeszył. O Boże, miej litość i miłosierdzie nade mną. Amen.

Modlitwa wstępna
Powtarzana każdego dnia nowenny

O najwspanialsza i niepokalana Królowo Nieba, Przenajświętsza Maryjo Dobrego Zdarzenia, najłaskawsza Córko Wiecznego Ojca, najukochańsza Matko Bożego Syna, najbardziej umiłowana Oblubienico Ducha Świętego, Czcigodna Świątynio Przenajświętszej Trójcy, w której Trzy Osoby Boże umieściły skarbiec swojej Potęgi, Mądrości i Miłości!

Pamiętaj, o Błogosławiona Maryjo Dobrego Zdarzenia, że Bóg uczynił Cię tak wielką, byś mogła przynosić ratunek nędznym grzesznikom. Pamiętaj, że Sama często obiecywałaś, iż ukażesz się jako miłosierna Matka wszystkim, którzy będą się do Ciebie uciekać. Przychodzę więc do Ciebie, najmiłościwsza Maryjo i błagam Cię, przez Twoją miłość do Najwyższego, abyś uprosiła mi u Boga Ojca żywą Wiarę, która nigdy nie utraci spojrzenia na wieczne prawdy; u Boga Syna niewzruszoną

Nadzieję, która zawsze będzie dążyć do osiągnięcia tej chwały, którą wysłużył mi On przez swoją Krew, a u Ducha Świętego gorącą Miłość, dzięki której do końca moich dni mógłbym kochać Wszechmogącego Boga i Ciebie, Przenajświętsza Dziewico, a za Twoim pośrednictwem cieszyć się radością wiecznej chwały w Niebie. Amen.

Chwalimy Cie Maryjo, jako Wyróżnioną Córkę Boga Ojca.
Zdrowaś Maryjo...

Chwalimy Cię Maryjo, jako Wybraną Matkę Boga Syna.
Zdrowaś Maryjo...

Chwalimy Cię Maryjo, jako Osobliwą Oblubienicą Ducha Świętego.
Zdrowaś Maryjo...
Chwała Ojcu...

Dzień drugi

Rozważmy, jak Opatrzność Boża chciała zaszczycić rodzaj ludzki objawiając mu ukryty skarb drogocennej figury Najświętszej Marii Panny pod tytułem Dobrego Zdarzenia. Po śmierci Brata Bernandine de Obregón, założyciela Zakonu Braci Mniejszych od Usługiwania Chorym (z gałęzi Św. Franciszka z Paoli), na jego miejsce został wybrany Gabriel de Fontaned. W towarzystwie Guillermo Rigosy wyruszył on do Rzymu, by prosić Papierza o oficjalną aprobatę kongregacji i habitu z purpurowym krzyżem, który miał być używany w zgromadzeniu.

Gdy przechodzili oni przez miasteczko Traigueras (leżące niedaleko Tortosy, w hiszpańskiej Katalonii), zostali zaskoczeni przez przerażające gradobicie z piorunami tak niespotykanej siły, że ich serca napełniły się przerażeniem. Błagali Boga, by wskazał im jakieś miejsce w którym mogliby się ukryć i spokojnie przygotować na śmierć, uważając, że nie przeżyją tak okropnej nawałnicy.

Jednak Bóg w swoim cudownym Miłosierdziu sprawił, że to poszukiwanie schronienia okazało się zapowiedzią szczęśliwych wydarzeń. Pomiędzy błyskawicami udało im się odnaleźć zejście z głównej drogi. Podążając nim, ujrzeli oni w oddali zarys jakiejś groty położonej na wzgórzu ponad nimi. Nawet z daleka mogli zobaczyć blask oświetlający jej wnętrze oraz poczuć wydostający się z niej słodki i niebiański aromat, intensywniejszy niż cokolwiek spotykanego na ziemi. Ich dusze zatopiły się w wielkiej szczęśliwości i błogim zachwycie. W tym samym czasie poczuli oni wewnętrzne natchnienie, by dowiedzieć się co było przyczyną tych dziwów.

Modlitwa

O Boże, przedziwny we wszystkich swoich dziełach! Ty zawsze potrafisz obrócić, najniebezpieczniejsze zdarzenia naszego życia na dowody Twojego Miłosierdzia, i w najbardziej rozpaczliwych sytuacjach ukazać nam zapowiedź Twoich cudów ku naszej korzyści, tak jak uczyniłeś z franciszkańskimi braćmi za pośrednictwem tej przerażającej burzy. Udziel nam, za przyczyną Matki Bożej Dobrego Zdarzenia, cnoty cierpliwości, abyśmy potrafili znosić ze spokojem ducha wszystkie próby zesłane na nas z Twojej woli, ponieważ w każdej chwili możesz odmienić je w pocieszenie na tej ziemi i uczynić je zasługującymi na niebieską nagrodę w wieczności, gdzie na zawsze w anielskich hymnach będziemy wychwalać Ciebie i Błogosławioną Maryję. Amen.

Akt dziękczynienia Najświętszej Maryi Pannie
Powtarzany każdego dnia nowenny

O Dziewico, błogosławiona między wszystkimi niewiastami! Brakuje nam słów, by podziękować Ci za wszystkie łaski, które otrzymaliśmy z Twoich rąk. Dzień Twoich narodzin, może być nazwany dniem pocieszenia, szczęścia i dziękczynienia. Tyś jest chlubą rodzaju ludzkiego, szczęśliwością Raju, umiłowanym darem Bożym i dobrobytem dla naszego kraju. Jak sobie zasłużyliśmy, o Błogosławiona Maryjo Dobrego Zdarzenia, by mieć Ciebie za naszą Matkę? Niech Bóg będzie na zawsze uwielbiony za to, że tak uczynił. Bądź pochwalona również i Ty, Przenajświętsza Dziewico, ponieważ pomimo tak wielkiej naszej niewdzięczności, okazałaś nam swoje względy.

Zatem Ty, najłaskawsza Matko, jesteś naszym pocieszeniem, ucieczką i wspomożeniem na ziemi, naszą obroną we wszystkich publicznych i prywatnych potrzebach. Strzeż nas przed wojną, zarazą, głodem, zawieruchą, trzęsieniem ziemi i wszystkimi innymi kataklizmami na które zasłużyliśmy. Módl się za Kościół Święty i za jego Widzialną Głowę. Usłysz błagania tych, którzy Cię wzywają. Bądź dla nas, którzy pokładamy w Tobie całą naszą nadzieję Rzeczniczką i Matką. Do Ciebie uciekamy się i za Twoim pośrednictwem spodziewamy się otrzymać od Twojego Syna przebaczenie za nasze grzechy i wytrwanie w łasce do godziny naszej śmierci. Amen.

Tutaj każdy powinien wznieść swoje serce do Boga i prosić Go za pośrednictwem Najświętszej Maryi Panny o szczególne dary i łaski, które pragnie otrzymać.

Modlitwa do Najświętszej Maryi Panny
Powtarzana każdego dnia nowenny

O Maryjo Dziewico, nasza Matko przekraczająca Swoją godnością wszelkie stworzenie.
Odpowiedź: *Przybądź nam z pomocą i pokaż nam Swoje Miłosierdzie, ponieważ Tyś jest naszą Matką.*

Ponad wszystkie inne, Tyś była baczna na Słowo Ojca, Który uczynił wielkie rzeczy na Twoją cześć.
Przybądź nam z pomocą i pokaż nam Swoje Miłosierdzie, ponieważ Tyś jest naszą Matką.

Tyś jest najcenniejszą Świątynią Trójcy Świętej.
Przybądź nam z pomocą i pokaż nam Swoje Miłosierdzie, ponieważ Tyś jest naszą Matką.

W Tobie jest ta sama czystość, jaką cieszą się Aniołowie.
Przybądź nam z pomocą i pokaż nam Swoje Miłosierdzie, ponieważ Tyś jest naszą Matką.

Chrześcijański świat głosi, że Ty panujesz po prawicy Króla Królów.
Przybądź nam z pomocą i pokaż nam Swoje Miłosierdzie, ponieważ Tyś jest naszą Matką.

O Matko wszelkiej łaski, nasza nadziejo, Przystani Rozbitków i Gwiazdo Morska.
Przybądź nam z pomocą i pokaż nam Swoje Miłosierdzie, ponieważ Tyś jest naszą Matką.

Bramo Nieba, Zdrowie Chorych, Światłości w Ciemnościach.
Przybądź nam z pomocą i pokaż nam Swoje Miłosierdzie, ponieważ Tyś jest naszą Matką.

Poprzez Ciebie znajdziemy się przed Bogiem na dworze Świętych, gdzie On żyje i króluje na wieki wieków.
Przybądź nam z pomocą i pokaż nam Swoje Miłosierdzie, ponieważ Tyś jest naszą Matką.

Prowadź nasze kroki i strzeż nas, o przenajsłodsza Maryjo, w naszej ostatniej godzinie.
Przybądź nam z pomocą i pokaż nam Swoje Miłosierdzie, ponieważ Tyś jest naszą Matką.

Przyjmij pochwały płynące z naszych ust, które nie są w stanie wyrazić Twojego nadzwyczajnego majestatu.
Przybądź nam z pomocą i pokaż nam Swoje Miłosierdzie, ponieważ Tyś jest naszą Matką.

Antyfona: Przenajświętsza Maryjo, ratuj nędznych, wspomagaj słabych, pocieszaj cierpiących, oręduj za narodami, wstawiaj się za duchownymi, módl się za wszystkimi wiernymi. Pozwól wszystkim tym, którzy obchodzą Twoje święte wspomnienie, odczuć Twoją przychylność i opiekę.

V. Módl się za nami, Matko Boża Dobrego Zdarzenia!

R. Abyśmy stali się godnymi obietnic Chrystusowych.

Modlitwa końcowa
Powtarzana na końcu, każdego dnia nowenny

Prosimy Cię Panie Boże, racz za przyczyną Najświętszej Dziewicy Maryi,
udzielić nam zdrowia duszy i ciała, a przez Jej zasługi i przez zasługi Jej Najdostojniejszego Syna spraw, abyśmy byli wolni od obecnego zła i osiągnęli życie wieczne w Niebie. Amen.

Trzeci dzień nowenny do Matki Bożej Dobrego Zdarzenia

Akt skruchy
Powtarzany na początku, każdego dnia nowenny

Wierzę w Ciebie, o mój Boże, lecz umocnij moją wiarę. Pokładam w Tobie moją nadzieję, lecz upewnij mnie w oczekiwaniu na wieczność. Kocham Cię, lecz powiększ moją miłość. Żałuję, że Cię obraziłem, ale wzbudź we mnie, Panie, jeszcze większą skruchę tak, abym za pomocą Twojej łaski i za wstawiennictwem Matki Bożej Dobrego Zdarzenia nigdy więcej nie zgrzeszył. O Boże, miej litość i miłosierdzie nade mną. Amen.

Modlitwa wstępna
Powtarzana każdego dnia nowenny

O najwspanialsza i niepokalana Królowo Nieba, Przenajświętsza Maryjo Dobrego Zdarzenia, najłaskawsza Córko Wiecznego Ojca, najukochańsza Matko Bożego Syna, najbardziej umiłowana Oblubienico Ducha Świętego, Czcigodna Świątynio Przenajświętszej Trójcy, w której Trzy Osoby Boże umieściły skarbiec swojej Potęgi, Mądrości i Miłości!

Pamiętaj, o Błogosławiona Maryjo Dobrego Zdarzenia, że Bóg uczynił Cię tak wielką, byś mogła przynosić ratunek nędznym grzesznikom. Pamiętaj, że Sama często obiecywałaś, iż ukażesz się jako miłosierna Matka wszystkim, którzy będą się do Ciebie uciekać. Przychodzę więc do Ciebie, najmiłościwsza Maryjo i błagam Cię, przez Twoją miłość do Najwyższego, abyś uprosiła mi u Boga Ojca żywą Wiarę, która nigdy nie utraci spojrzenia na wieczne prawdy; u Boga Syna niewzruszoną

Nadzieję, która zawsze będzie dążyć do osiągnięcia tej chwały, którą wysłużył mi On przez swoją Krew, a u Ducha Świętego gorącą Miłość, dzięki której do końca moich dni mógłbym kochać Wszechmogącego Boga i Ciebie, Przenajświętsza Dziewico, a za Twoim pośrednictwem cieszyć się radością wiecznej chwały w Niebie. Amen.

> Chwalimy Cie Maryjo, jako Wyróżnioną Córkę Boga Ojca.
> Zdrowaś Maryjo...
>
> Chwalimy Cię Maryjo, jako Wybraną Matkę Boga Syna.
> Zdrowaś Maryjo...
>
> Chwalimy Cię Maryjo, jako Osobliwą Oblubienicą Ducha Świętego.
> Zdrowaś Maryjo...
> Chwała Ojcu...

Dzień trzeci

Rozważmy, jak podróżnicy, inspirowani nadprzyrodzonym natchnieniem i pociągani przez ciekawość, by zbadać to zdumiewające cudo, ruszyli w kierunku miejsca oferującego im schronienie. Zdejmując buty, z wielką trudnością wspięli się na górę, pomagając jeden drugiemu przedostać się przez wielkie głazy i ostre urwiska. Jak wielkie okazało się ich zdziwienie i podziw, gdy dotarli do groty, którą wcześniej widzieli w świetle błyskawic. Zrozumieli, że ta jaskinia była delikatnie wyrzeźbiona przez naturę na ogromną świątynię, która przechowywała w swoim wnętrzu przepiękną Statuę Najświętszej Dziewicy. W swojej lewej ręce trzymała Ona Dzieciątko Jezus, a prawej berło. Na jej czole spoczywała drogocenna korona. Jej suknia, jak i strój Boskiego Dziecka, były proste, ale eleganckie, zrobione z tego samego materiału i w tym samym stylu.

Miejsce, przybrane różnorodnymi gatunkami kwiatów, tworzącymi wielobarwny dywan rozciągający się na ziemi i wznoszący się po ścianach, napełnione było rozkoszną wonią ku czci Królowej Nieba. Na kamieniu umieszczona była lampka wykonana tak wprawnie, że oświetlała całe pomieszczenie nadprzyrodzonym blaskiem. Tyle piękna i uroku ku chwale zachwycającej Pani! Taka niespodzianka i podziw dla przytłoczonych podróżników! Dwójka zakonników w ekstatycznym zachwycie kontemplowała ten mały kawałek Nieba i uspokajała swoje wzruszone serca przed ich Niebieską Matką, która po przerażającej burzy przybyła do nich w tak zaskakujący sposób, promieniując ze swej twarzy pięknem i delikatnością, by doprowadzić ich do schronienia i do pocieszenia w tak krytycznej chwili ich życia.

Nasze dusze także niech będą spokojne przed obliczem Maryi. Kiedy brzemię tego życia i jego wszechobecne niebezpieczeństwa posuwają nas blisko utraty nadziei, udajmy się do Niej ze spokojem i zaufaniem, dziękując Bogu, że w swojej wszechmocy pozwolił tej cudownej figurze być w nadprzyrodzony sposób odnalezioną w tym ukrytym miejscu ku czci Niepokalanej.Tak, by każdy mógł oddawać Jej hołd pod szlachetnym tytułem Matki Bożej Dobrego Zdarzenia.

Modlitwa

Miłosierny Boże, który nie pozostawiasz samotnie nikogo, kto wiernie i zagorzale Ci służy. Często dopuszczasz niepowodzenia i niebezpieczeństwa, by prowadzić nas do naszej Matki i Orędowniczki, jako ucieczki w naszych przeciwnościach. Udziel nam czułego i gorliwego serca, byśmy szukali Maryi i Ją odnaleźli, zawsze kochającą i opiekuńczą, i w ten sposób mogli Jej służyć, prowadząc dobre i godne chrześcijan życie oraz zasłużyć za Jej pośrednictwem, by po śmierci być wraz z Nią na wieki w Niebie. Amen

Akt dziękczynienia Najświętszej Maryi Pannie
Powtarzany każdego dnia nowenny

O Dziewico, błogosławiona między wszystkimi niewiastami! Brakuje nam słów, by podziękować Ci za wszystkie łaski, które otrzymaliśmy z Twoich rąk. Dzień Twoich narodzin, może być nazwany dniem pocieszenia, szczęścia i dziękczynienia. Tyś jest chlubą rodzaju ludzkiego, szczęśliwością Raju, umiłowanym darem Bożym i dobrobytem dla naszego kraju. Jak sobie zasłużyliśmy, o Błogosławiona Maryjo Dobrego Zdarzenia, by mieć Ciebie za naszą Matkę? Niech Bóg będzie na zawsze uwielbiony za to, że tak uczynił. Bądź pochwalona również i Ty, Przenajświętsza Dziewico, ponieważ pomimo tak wielkiej naszej niewdzięczności, okazałaś nam swoje względy.

Zatem Ty, najłaskawsza Matko, jesteś naszym pocieszeniem, ucieczką i wspomożeniem na ziemi, naszą obroną we wszystkich publicznych i prywatnych potrzebach. Strzeż nas przed wojną, zarazą, głodem, zawieruchą, trzęsieniem ziemi i wszystkimi innymi kataklizmami na które zasłużyliśmy. Módl się za Kościół Święty i za jego Widzialną Głowę. Usłysz błagania tych, którzy Cię wzywają. Bądź dla nas, którzy pokładamy w Tobie całą naszą nadzieję Rzeczniczką i Matką. Do Ciebie uciekamy się i za Twoim pośrednictwem spodziewamy się otrzymać od Twojego Syna przebaczenie za nasze grzechy i wytrwanie w łasce do godziny naszej śmierci. Amen.

Tutaj każdy powinien wznieść swoje serce do Boga i prosić Go za pośrednictwem Najświętszej Maryi Panny o szczególne dary i łaski, które pragnie otrzymać.

Modlitwa do Najświętszej Maryi Panny
Powtarzana każdego dnia nowenny

O Maryjo Dziewico, nasza Matko przekraczająca Swoją godnością wszelkie stworzenie.
Odpowiedź: *Przybądź nam z pomocą i pokaż nam Swoje Miłosierdzie, ponieważ Tyś jest naszą Matką.*

Ponad wszystkie inne, Tyś była baczna na Słowo Ojca, Który uczynił wielkie rzeczy na Twoją cześć.
Przybądź nam z pomocą i pokaż nam Swoje Miłosierdzie, ponieważ Tyś jest naszą Matką.

Tyś jest najcenniejszą Świątynią Trójcy Świętej.
Przybądź nam z pomocą i pokaż nam Swoje Miłosierdzie, ponieważ Tyś

jest naszą Matką.

W Tobie jest ta sama czystość, jaką cieszą się Aniołowie.
Przybądź nam z pomocą i pokaż nam Swoje Miłosierdzie, ponieważ Tyś jest naszą Matką.

Chrześcijański świat głosi, że Ty panujesz po prawicy Króla Królów.
Przybądź nam z pomocą i pokaż nam Swoje Miłosierdzie, ponieważ Tyś jest naszą Matką.

O Matko wszelkiej łaski, nasza nadziejo, Przystani Rozbitków i Gwiazdo Morska.
Przybądź nam z pomocą i pokaż nam Swoje Miłosierdzie, ponieważ Tyś jest naszą Matką.

Bramo Nieba, Zdrowie Chorych, Światłości w Ciemnościach.
Przybądź nam z pomocą i pokaż nam Swoje Miłosierdzie, ponieważ Tyś jest naszą Matką.

Poprzez Ciebie znajdziemy się przed Bogiem na dworze Świętych, gdzie On żyje i króluje na wieki wieków.
Przybądź nam z pomocą i pokaż nam Swoje Miłosierdzie, ponieważ Tyś jest naszą Matką.

Prowadź nasze kroki i strzeż nas, o przenajsłodsza Maryjo, w naszej ostatniej godzinie.
Przybądź nam z pomocą i pokaż nam Swoje Miłosierdzie, ponieważ Tyś jest naszą Matką.

Przyjmij pochwały płynące z naszych ust, które nie są w stanie wyrazić Twojego nadzwyczajnego majestatu.
Przybądź nam z pomocą i pokaż nam Swoje Miłosierdzie, ponieważ Tyś jest naszą Matką.

Antyfona: Przenajświętsza Maryjo, ratuj nędznych, wspomagaj słabych, pocieszaj cierpiących, oręduj za narodami, wstawiaj się za duchownymi, módl się za wszystkimi wiernymi. Pozwól wszystkim tym, którzy obchodzą Twoje święte wspomnienie, odczuć Twoją przychylność i opiekę.

V. Módl się za nami, Matko Boża Dobrego Zdarzenia!
R. Abyśmy stali się godnymi obietnic Chrystusowych.

Modlitwa końcowa
Powtarzana na końcu, każdego dnia nowenny

Prosimy Cię Panie Boże, racz za przyczyną Najświętszej Dziewicy Maryi,
udzielić nam zdrowia duszy i ciała, a przez Jej zasługi i przez zasługi Jej Najdostojniejszego Syna spraw, abyśmy byli wolni od obecnego zła i osiągnęli życie wieczne w Niebie. Amen.

Czwarty dzień nowenny do Matki Bożej Dobrego Zdarzenia

Akt skruchy
Powtarzany na początku, każdego dnia nowenny

Wierzę w Ciebie, o mój Boże, lecz umocnij moją wiarę. Pokładam w Tobie moją nadzieję, lecz upewnij mnie w oczekiwaniu na wieczność. Kocham Cię, lecz powiększ moją miłość. Żałuję, że Cię obraziłem, ale wzbudź we mnie, Panie, jeszcze większą skruchę tak, abym za pomocą Twojej łaski i za wstawiennictwem Matki Bożej Dobrego Zdarzenia nigdy więcej nie zgrzeszył. O Boże, miej litość i miłosierdzie nade mną. Amen.

Modlitwa wstępna
Powtarzana każdego dnia nowenny

O najwspanialsza i niepokalana Królowo Nieba, Przenajświętsza Maryjo Dobrego Zdarzenia, najłaskawsza Córko Wiecznego Ojca, najukochańsza Matko Bożego Syna, najbardziej umiłowana Oblubienico Ducha Świętego, Czcigodna Świątynio Przenajświętszej Trójcy, w której Trzy Osoby Boże umieściły skarbiec swojej Potęgi, Mądrości i Miłości!

Pamiętaj, o Błogosławiona Maryjo Dobrego Zdarzenia, że Bóg uczynił Cię tak wielką, byś mogła przynosić ratunek nędznym grzesznikom. Pamiętaj, że Sama często obiecywałaś, iż ukażesz się jako miłosierna Matka wszystkim, którzy będą się do Ciebie uciekać. Przychodzę więc do Ciebie, najmiłościwsza Maryjo i błagam Cię, przez Twoją miłość do Najwyższego, abyś uprosiła mi u Boga Ojca żywą Wiarę, która nigdy nie utraci spojrzenia na wieczne prawdy; u Boga Syna niewzruszoną

Nadzieję, która zawsze będzie dążyć do osiągnięcia tej chwały, którą wysłużył mi On przez swoją Krew, a u Ducha Świętego gorącą Miłość, dzięki której do końca moich dni mógłbym kochać Wszechmogącego Boga i Ciebie, Przenajświętsza Dziewico, a za Twoim pośrednictwem cieszyć się radością wiecznej chwały w Niebie. Amen.

> Chwalimy Cie Maryjo, jako Wyróżnioną Córkę Boga Ojca.
> Zdrowaś Maryjo...
>
> Chwalimy Cię Maryjo, jako Wybraną Matkę Boga Syna.
> Zdrowaś Maryjo...
>
> Chwalimy Cię Maryjo, jako Osobliwą Oblubienicą Ducha Świętego.
> Zdrowaś Maryjo...
> Chwała Ojcu...

Dzień czwarty

Rozważmy nieopisaną radość poczciwych Braci Mniejszych kontemplujących te cuda. Figura naszej ukochanej Matki świeciła przed nimi jak olśniewająca gwiazda, a oni ze czcią uklękli przed nią by Ją chwalić i dziękować Jej za tak niezwykły dar i tak niecodzienne wydarzenie. Ich umysły i uczucia wznosiły się do niebiańskich przemyśleń i wierzyli oni, że zostali wyróżnieni czymś na prawdę nadprzyrodzonym. Przede wszystkim widzieli i czuli, że te ściany w tak niedostępnej skale, tak bardzo oddalonej od najbliższych budynków mieszkalnych, nie mogły być uczynione ludzką ręką. Powtórzyli więc swoje modlitwy dziękczynne z jeszcze większą gorliwością.

Wtedy prosząc o światło z Nieba i o łaskę rozeznania tego, co powinni w tej sytuacji uczynić, zdecydowali, że spróbują dowiedzieć się o pochodzeniu tego sanktuarium i Statuy od pobożnych osób lub wspólnoty, która tak cudownie opiekowała się tym miejscem kultu. Pomimo tego, że zdawało się być niemożliwym, żeby coś tak wspaniałego, w tak odosobnionym i niedostępnym miejscu, było ludzkim dziełem, roztropność i pobożność skłoniły ich by podjąć ostrożne dochodzenie odnośnie tej kwestii. W najbliższej wiosce, która mieściła się w odległości trzech mil, nie znaleźli nikogo, kto mógłby im dać choćby najmniejszą informację na temat Statuy. Nawet najstarsze osoby, w wieku od 80 do 100 lat, nigdy nie słyszały na temat Figury, ani nabożeństwa do niej w pobliskich lasach, czy w jakimkolwiek miejscu w najbliższym regionie.

Rozważmy więc zaskoczenie i świętą radość braci, którzy stali się właścicielami tego niezwykłego znaleziska. Ponownie upadli do stóp błogosławionej statuy ofiarowując jej swoje najcieplejsze podziękowania, obejmując ją w gorącym uścisku i obierając jako swoją specjalną patronkę i pośredniczkę pod niezwykle wymownym tytułem Matki Dobrego Zdarzenia. Podziwiając to cudowne wyróżnienie, które otrzymali świętobliwi bracia, uczucie pobożnej wdzięczności wlewa się w nasze serca.

Pozwólmy sobie na zjednoczenie się z nimi w czułych objęciach Maryi, kochając Ją i z wielkodusznym postanowieniem oddając się Jej, ponieważ my także dzięki Jej miłosierdziu znaleźliśmy Ją na niebezpiecznych ścieżkach naszego życia, pomiędzy przerażającymi burzami naszych namiętności.

Modlitwa

O Boże nieskończonej miłości! Ty dałeś nam w naszej Matce drogocenne schronienie i pocieszenie, umieszczając Ją na ścieżkach naszego ryzykownego życia, tak by mogła być jako Nasza Matka Dobrego Zdarzenia tarczą w prześladowaniach i osłoną w niebezpieczeństwach. W podziękowaniu za Twoją dobroć, chcemy odpowiedzieć Ci praktykowaniem cnót oraz czułym i nieustannym nabożeństwem do Najświętszej Maryi Panny, i w ten sposób za jej wstawiennictwem osiągnąć Niebo. Amen.

Akt dziękczynienia Najświętszej Maryi Pannie
Powtarzany każdego dnia nowenny

O Dziewico, błogosławiona między wszystkimi niewiastami! Brakuje nam słów, by podziękować Ci za wszystkie łaski, które otrzymaliśmy z Twoich rąk. Dzień Twoich narodzin, może być nazwany dniem pocieszenia, szczęścia i dziękczynienia. Tyś jest chlubą rodzaju ludzkiego, szczęśliwością Raju, umiłowanym darem Bożym i dobrobytem dla naszego kraju. Jak sobie zasłużyliśmy, o Błogosławiona Maryjo Dobrego Zdarzenia, by mieć Ciebie za naszą Matkę? Niech Bóg będzie na zawsze uwielbiony za to, że tak uczynił. Bądź pochwalona również i Ty, Przenajświętsza Dziewico, ponieważ pomimo tak wielkiej naszej niewdzięczności, okazałaś nam swoje względy.

Zatem Ty, najłaskawsza Matko, jesteś naszym pocieszeniem, ucieczką i wspomożeniem na ziemi, naszą obroną we wszystkich publicznych i prywatnych potrzebach. Strzeż nas przed wojną, zarazą, głodem, zawieruchą, trzęsieniem ziemi i wszystkimi innymi kataklizmami na które zasłużyliśmy. Módl się za Kościół Święty i za jego Widzialną Głowę. Usłysz błagania tych, którzy Cię wzywają. Bądź dla nas, którzy pokładamy w Tobie całą naszą nadzieję Rzeczniczką i Matką. Do Ciebie uciekamy się i za Twoim pośrednictwem spodziewamy się otrzymać od Twojego Syna przebaczenie za nasze grzechy i wytrwanie w łasce do godziny naszej śmierci. Amen.
Tutaj każdy powinien wznieść swoje serce do Boga i prosić Go za pośrednictwem Najświętszej Maryi Panny o szczególne dary i łaski, które pragnie otrzymać.

Modlitwa do Najświętszej Maryi Panny
Powtarzana każdego dnia nowenny

O Maryjo Dziewico, nasza Matko przekraczająca Swoją godnością wszelkie stworzenie.
Odpowiedź: *Przybądź nam z pomocą i pokaż nam Swoje Miłosierdzie, ponieważ Tyś jest naszą Matką.*

Ponad wszystkie inne, Tyś była baczna na Słowo Ojca, Który uczynił wielkie rzeczy na Twoją cześć.
Przybądź nam z pomocą i pokaż nam Swoje Miłosierdzie, ponieważ Tyś

jest naszą Matką.

Tyś jest najcenniejszą Świątynią Trójcy Świętej.
Przybądź nam z pomocą i pokaż nam Swoje Miłosierdzie, ponieważ Tyś jest naszą Matką.

W Tobie jest ta sama czystość, jaką cieszą się Aniołowie.
Przybądź nam z pomocą i pokaż nam Swoje Miłosierdzie, ponieważ Tyś jest naszą Matką.

Chrześcijański świat głosi, że Ty panujesz po prawicy Króla Królów.
Przybądź nam z pomocą i pokaż nam Swoje Miłosierdzie, ponieważ Tyś jest naszą Matką.

O Matko wszelkiej łaski, nasza nadziejo, Przystani Rozbitków i Gwiazdo Morska.
Przybądź nam z pomocą i pokaż nam Swoje Miłosierdzie, ponieważ Tyś jest naszą Matką.

Bramo Nieba, Zdrowie Chorych, Światłości w Ciemnościach.
Przybądź nam z pomocą i pokaż nam Swoje Miłosierdzie, ponieważ Tyś jest naszą Matką.

Poprzez Ciebie znajdziemy się przed Bogiem na dworze Świętych, gdzie On żyje i króluje na wieki wieków.
Przybądź nam z pomocą i pokaż nam Swoje Miłosierdzie, ponieważ Tyś jest naszą Matką.

Prowadź nasze kroki i strzeż nas, o przenajsłodsza Maryjo, w naszej ostatniej godzinie.
Przybądź nam z pomocą i pokaż nam Swoje Miłosierdzie, ponieważ Tyś jest naszą Matką.

Przyjmij pochwały płynące z naszych ust, które nie są w stanie wyrazić Twojego nadzwyczajnego majestatu.
Przybądź nam z pomocą i pokaż nam Swoje Miłosierdzie, ponieważ Tyś

jest naszą Matką.

Antyfona: Przenajświętsza Maryjo, ratuj nędznych, wspomagaj słabych, pocieszaj cierpiących, oręduj za narodami, wstawiaj się za duchownymi, módl się za wszystkimi wiernymi. Pozwól wszystkim tym, którzy obchodzą Twoje święte wspomnienie, odczuć Twoją przychylność i opiekę.

V. Módl się za nami, Matko Boża Dobrego Zdarzenia!
R. Abyśmy stali się godnymi obietnic Chrystusowych.

Modlitwa końcowa
Powtarzana na końcu, każdego dnia nowenny

Prosimy Cię Panie Boże, racz za przyczyną Najświętszej Dziewicy Maryi,
udzielić nam zdrowia duszy i ciała, a przez Jej zasługi i przez zasługi Jej Najdostojniejszego Syna spraw, abyśmy byli wolni od obecnego zła i osiągnęli życie wieczne w Niebie. Amen.

Piąty dzień nowenny do Matki Bożej Dobrego Zdarzenia

Akt skruchy
Powtarzany na początku, każdego dnia nowenny

Wierzę w Ciebie, o mój Boże, lecz umocnij moją wiarę. Pokładam w Tobie moją nadzieję, lecz upewnij mnie w oczekiwaniu na wieczność. Kocham Cię, lecz powiększ moją miłość. Żałuję, że Cię obraziłem, ale wzbudź we mnie, Panie, jeszcze większą skruchę tak, abym za pomocą Twojej łaski i za wstawiennictwem Matki Bożej Dobrego Zdarzenia nigdy więcej nie zgrzeszył. O Boże, miej litość i miłosierdzie nade mną. Amen.

Modlitwa wstępna
Powtarzana każdego dnia nowenny

O najwspanialsza i niepokalana Królowo Nieba, Przenajświętsza Maryjo Dobrego Zdarzenia, najłaskawsza Córko Wiecznego Ojca, najukochańsza Matko Bożego Syna, najbardziej umiłowana Oblubienico Ducha Świętego, Czcigodna Świątynio Przenajświętszej Trójcy, w której Trzy Osoby Boże umieściły skarbiec swojej Potęgi, Mądrości i Miłości!

Pamiętaj, o Błogosławiona Maryjo Dobrego Zdarzenia, że Bóg uczynił Cię tak wielką, byś mogła przynosić ratunek nędznym grzesznikom. Pamiętaj, że Sama często obiecywałaś, iż ukażesz się jako miłosierna Matka wszystkim, którzy będą się do Ciebie uciekać. Przychodzę więc do Ciebie, najmiłościwsza Maryjo i błagam Cię, przez Twoją miłość do Najwyższego, abyś uprosiła mi u Boga Ojca żywą Wiarę, która nigdy nie utraci spojrzenia na wieczne prawdy; u Boga Syna niewzruszoną

Nadzieję, która zawsze będzie dążyć do osiągnięcia tej chwały, którą wysłużył mi On przez swoją Krew, a u Ducha Świętego gorącą Miłość, dzięki której do końca moich dni mógłbym kochać Wszechmogącego Boga i Ciebie, Przenajświętsza Dziewico, a za Twoim pośrednictwem cieszyć się radością wiecznej chwały w Niebie. Amen.

Chwalimy Cie Maryjo, jako Wyróżnioną Córkę Boga Ojca.
Zdrowaś Maryjo...

Chwalimy Cię Maryjo, jako Wybraną Matkę Boga Syna.
Zdrowaś Maryjo...

Chwalimy Cię Maryjo, jako Osobliwą Oblubienicą Ducha Świętego.
Zdrowaś Maryjo...
Chwała Ojcu...

Dzień piąty

Rozważmy, jak błogosławieni podróżnicy, teraz przekonani, że drogocenne znalezisko należy do nich, umieścili Statuę w koszu i w Jej sympatycznym towarzystwie szczęśliwie i spokojnie kontynuowali swoją podróż do Rzymu. Zostali tam przyjęci przez bardzo cnotliwego i pobożnego Papieża, Jego Świętobliwość Pawła V. Poinformowali Go, w jaki sposób odnaleźli figurę Świętej Dziewicy. Widząc ją, tak drogocenną i promieniującą nadprzyrodzoną prezencją, Papież ukłonił się przed nią i zawiesił swój kosztowny, złoty pektorał na jej szyi, przyznając łaski i odpusty wszystkim, którzy będą oddawać za jej pośrednictwem cześć Maryi.

Szczęśliwym znalazcom, którzy odnaleźli podobiznę w tak wspaniały sposób, zlecił czcić ją gorliwie i rozprzestrzeniać nabożeństwo do niej we wszystkich zakątkach świata. Dzięki tym wszystkim wydarzeniom, jak chociażby przyznaniu figurze przez Papieża tytułu Matki Bożej Dobrego Zdarzenia, zakonnicy zrozumieli, że ich znalezisko jest czymś na prawdę wyjątkowym. Ten fenomenalny dar, wkrótce stał się niewyczerpanym źródłem łask i cudów doświadczanych przez mieszkańców miasta Walencji, gdzie bracia zakonni go ze sobą zabrali. Później Figura została, z uroczystym splendorem, przeniesiona do wspaniałego Kościoła w Madrycie, stolicy Hiszpanii, gdzie czczona i uwielbiana wciąż działa cuda, a jej kult rozciąga się przez całą Europę, aż po najdalsze zakątki Ameryki.

Postaw się moja duszo w obecności Maryi, by to spotkanie pomogło ci przejść przez najtrudniejsze chwile tego życia, z Jej słodką i uśmiechniętą twarzą oferującą pocieszenie. Zobacz jak Ojciec Święty składa Jej pokłon i oddaje ci ten najcenniejszy skarb oraz wzywa cię do bycia oddaną i wierną w służbie Maryi. Bądź szczęśliwa w stanie, w jakim Bóg cię umieścił, ponieważ zawsze masz przy sobie Maryję, która służy ci jako towarzyszka i patronka. Chwal Ją, błogosław Ją i składając Jej w darze klejnoty swojej miłości, umieść także u Jej stóp swą dominującą wadę, ofiarowując wszystkie wysiłki skierowane, z determinacją i uporczywością, do przezwyciężenia samej siebie, aby uzyskać niezwykłe łaski, jakie tak wielu pobożnych ludzi otrzymało za pośrednictwem tej Świętej Statuy Dobrego Zdarzenia.

Modlitwa

Wszechmocny Boże! Ty dałeś nam najwyższą mecenas Twego niebieskiego dworu, Przenajświętszą Dziewicę Dobrego Zdarzenia, jako towarzyszkę w naszej ziemskiej pielgrzymce, aby mogła służyć nam jako przewodniczka, strażniczka i opiekunka we wszystkich przeciwnościach. Uciekamy się więc do Niej, wypełnieni zaufaniem, że łatwo odnajdziemy drogę w podróży do mieszkania naszego Wiecznego Ojca, gdzie zostaną spełnione wszystkie nasze pragnienia. Rozpal w naszych sercach miłość do Najświętszej Marii Panny Dobrego Zdarzenia, abyśmy mogli Jej ofiarować wraz z uczuciem wdzięczności, zdecydowaną i nieustanną miłość oraz ujarzmić nasze namiętności za pomocą wielkich łask otrzymanych przez Jej miłosierne ręce. Spraw Panie, abyśmy w tym życiu zawsze cieszyli się Jej życzliwością, a w godzinie śmierci otrzymali Jej wsparcie i w ten sposób mogli sobie zasłużyć na wieczne zbawienie. Amen.

Akt dziękczynienia Najświętszej Maryi Pannie
Powtarzany każdego dnia nowenny

O Dziewico, błogosławiona między wszystkimi niewiastami! Brakuje nam słów, by podziękować Ci za wszystkie łaski, które otrzymaliśmy z Twoich rąk. Dzień Twoich narodzin, może być nazwany dniem pocieszenia, szczęścia i dziękczynienia. Tyś jest chlubą rodzaju ludzkiego, szczęśliwością Raju, umiłowanym darem Bożym i dobrobytem dla naszego kraju. Jak sobie zasłużyliśmy, o Błogosławiona Maryjo Dobrego Zdarzenia, by mieć Ciebie za naszą Matkę? Niech Bóg będzie na zawsze uwielbiony za to, że tak uczynił. Bądź pochwalona również i Ty, Przenajświętsza Dziewico, ponieważ pomimo tak wielkiej naszej niewdzięczności, okazałaś nam swoje względy.

Zatem Ty, najłaskawsza Matko, jesteś naszym pocieszeniem, ucieczką i wspomożeniem na ziemi, naszą obroną we wszystkich publicznych i prywatnych potrzebach. Strzeż nas przed wojną, zarazą, głodem, zawieruchą, trzęsieniem ziemi i wszystkimi innymi kataklizmami na które zasłużyliśmy. Módl się za Kościół Święty i za jego Widzialną Głowę. Usłysz błagania tych, którzy Cię wzywają. Bądź dla nas, którzy pokładamy w Tobie całą naszą nadzieję Rzeczniczką i Matką. Do Ciebie uciekamy się i za Twoim pośrednictwem spodziewamy się otrzymać od Twojego Syna przebaczenie za nasze grzechy i wytrwanie w łasce do godziny naszej śmierci. Amen.

Tutaj każdy powinien wznieść swoje serce do Boga i prosić Go za pośrednictwem Najświętszej Maryi Panny o szczególne dary i łaski, które pragnie otrzymać.

Modlitwa do Najświętszej Maryi Panny
Powtarzana każdego dnia nowenny

O Maryjo Dziewico, nasza Matko przekraczająca Swoją godnością wszelkie stworzenie.
Odpowiedź: *Przybądź nam z pomocą i pokaż nam Swoje Miłosierdzie, ponieważ Tyś jest naszą Matką.*

Ponad wszystkie inne, Tyś była baczna na Słowo Ojca, Który uczynił wielkie rzeczy na Twoją cześć.
Przybądź nam z pomocą i pokaż nam Swoje Miłosierdzie, ponieważ Tyś jest naszą Matką.

Tyś jest najcenniejszą Świątynią Trójcy Świętej.
Przybądź nam z pomocą i pokaż nam Swoje Miłosierdzie, ponieważ Tyś jest naszą Matką.

W Tobie jest ta sama czystość, jaką cieszą się Aniołowie.
Przybądź nam z pomocą i pokaż nam Swoje Miłosierdzie, ponieważ Tyś jest naszą Matką.

Chrześcijański świat głosi, że Ty panujesz po prawicy Króla Królów.
Przybądź nam z pomocą i pokaż nam Swoje Miłosierdzie, ponieważ Tyś jest naszą Matką.

O Matko wszelkiej łaski, nasza nadziejo, Przystani Rozbitków i Gwiazdo Morska.
Przybądź nam z pomocą i pokaż nam Swoje Miłosierdzie, ponieważ Tyś jest naszą Matką.

Bramo Nieba, Zdrowie Chorych, Światłości w Ciemnościach.
Przybądź nam z pomocą i pokaż nam Swoje Miłosierdzie, ponieważ Tyś jest naszą Matką.

Poprzez Ciebie znajdziemy się przed Bogiem na dworze Świętych, gdzie On żyje i króluje na wieki wieków.
Przybądź nam z pomocą i pokaż nam Swoje Miłosierdzie, ponieważ Tyś jest naszą Matką.

Prowadź nasze kroki i strzeż nas, o przenajsłodsza Maryjo, w naszej ostatniej godzinie.
Przybądź nam z pomocą i pokaż nam Swoje Miłosierdzie, ponieważ Tyś jest naszą Matką.

Przyjmij pochwały płynące z naszych ust, które nie są w stanie wyrazić Twojego nadzwyczajnego majestatu.
Przybądź nam z pomocą i pokaż nam Swoje Miłosierdzie, ponieważ Tyś jest naszą Matką.

Antyfona: Przenajświętsza Maryjo, ratuj nędznych, wspomagaj słabych, pocieszaj cierpiących, oręduj za narodami, wstawiaj się za duchownymi, módl się za wszystkimi wiernymi. Pozwól wszystkim tym, którzy obchodzą Twoje święte wspomnienie, odczuć Twoją przychylność i opiekę.

V. Módl się za nami, Matko Boża Dobrego Zdarzenia!
R. Abyśmy stali się godnymi obietnic Chrystusowych.

Modlitwa końcowa
Powtarzana na końcu, każdego dnia nowenny

Prosimy Cię Panie Boże, racz za przyczyną Najświętszej Dziewicy Maryi,
udzielić nam zdrowia duszy i ciała, a przez Jej zasługi i przez zasługi Jej Najdostojniejszego Syna spraw, abyśmy byli wolni od obecnego zła i osiągnęli życie wieczne w Niebie. Amen.

Szósty dzień nowenny do Matki Bożej Dobrego Zdarzenia

Akt skruchy
Powtarzany na początku, każdego dnia nowenny

Wierzę w Ciebie, o mój Boże, lecz umocnij moją wiarę. Pokładam w Tobie moją nadzieję, lecz upewnij mnie w oczekiwaniu na wieczność. Kocham Cię, lecz powiększ moją miłość. Żałuję, że Cię obraziłem, ale wzbudź we mnie, Panie, jeszcze większą skruchę tak, abym za pomocą Twojej łaski i za wstawiennictwem Matki Bożej Dobrego Zdarzenia nigdy więcej nie zgrzeszył. O Boże, miej litość i miłosierdzie nade mną. Amen.

Modlitwa wstępna
Powtarzana każdego dnia nowenny

O najwspanialsza i niepokalana Królowo Nieba, Przenajświętsza Maryjo Dobrego Zdarzenia, najłaskawsza Córko Wiecznego Ojca, najukochańsza Matko Bożego Syna, najbardziej umiłowana Oblubienico Ducha Świętego, Czcigodna Świątynio Przenajświętszej Trójcy, w której Trzy Osoby Boże umieściły skarbiec swojej Potęgi, Mądrości i Miłości!

Pamiętaj, o Błogosławiona Maryjo Dobrego Zdarzenia, że Bóg uczynił Cię tak wielką, byś mogła przynosić ratunek nędznym grzesznikom. Pamiętaj, że Sama często obiecywałaś, iż ukażesz się jako miłosierna Matka wszystkim, którzy będą się do Ciebie uciekać. Przychodzę więc do Ciebie, najmiłościwsza Maryjo i błagam Cię, przez Twoją miłość do Najwyższego, abyś uprosiła mi u Boga Ojca żywą Wiarę, która nigdy nie utraci spojrzenia na wieczne prawdy; u Boga Syna niewzruszoną

Nadzieję, która zawsze będzie dążyć do osiągnięcia tej chwały, którą wysłużył mi On przez swoją Krew, a u Ducha Świętego gorącą Miłość, dzięki której do końca moich dni mógłbym kochać Wszechmogącego Boga i Ciebie, Przenajświętsza Dziewico, a za Twoim pośrednictwem cieszyć się radością wiecznej chwały w Niebie. Amen.

>Chwalimy Cie Maryjo, jako Wyróżnioną Córkę Boga Ojca.
>Zdrowaś Maryjo...

>Chwalimy Cię Maryjo, jako Wybraną Matkę Boga Syna.
>Zdrowaś Maryjo...

>Chwalimy Cię Maryjo, jako Osobliwą Oblubienicą Ducha Świętego.
>Zdrowaś Maryjo...
>Chwała Ojcu...

Dzień szósty

Rozważmy, jak najstarszy konwent miasta Quito, klasztor Koncepcjonistek, również został doświadczony, po 33 latach jego istnienia, specjalnymi łaskami chwalebnej Maryi Dobrego Zdarzenia. W cudowny sposób objawiła się Ona Matce Mariannie od Jezusa Torres, jednej z hiszpańskich założycielek tego konwentu. Pobożna siostra modliła się samotnie z czułym nabożeństwem, błagając Matkę Bożą pod tytułem Dobrego Zdarzenia, o łaski potrzebne swojej własnej duszy, o pomoc i opiekę dla swoich klasztornych sióstr i całego narodu. W ferworze swoich modlitw, czynionych z tak głęboką wiarą i ufnością, wzniosła gorliwe spojrzenie do Nieba, wzywając swoją Matkę, by przybyła jej z pomocą oraz udzieliła jej tego, o co pokornie prosi ze szczerą troską dla dobra swojego konwentu i całego Kościoła Katolickiego.

Nagle błyszczące światło zalało cały kościół, a Siostra Marianna wpadła w ekstazę. W gwałtownym zdumieniu jej serce poruszane było przez niewytłumaczalną radość. Jej wiara i oddanie powiększały się z każdą chwilą, a gdy światło rozproszyło się przed jej wzrokiem, niezwykła radość wstąpiła do jej serca powiększając jej prośby w uniesieniu bezgranicznego zaufania.

Tak więc jej dusza została zaproszona do opuszczenia tej nędznej Ziemi i spojrzenia oczami pełnymi żywej i głębokiej wiary w kierunku Nieba. Otworzyło Ono przed nią ścieżkę do światła cudownej jasności i zatopiło ją w Bożym blasku. „Sprawiedliwy wiarą żyje." Więc faktycznie sprawiedliwy urządza swoje niebo już tutaj na ziemi, przyciągając swoją wiarą światło, którego nie mogą przyćmić poranne gwiazdy.

Ożyw się, moja duszo, wiarą w objawione tajemnice. Spójrz oczami swojego intelektu na prawdy religijne ilustrowane przez każdy aspekt doczesnego życia, a odstawiając na bok materialne myśli i przywiązania, skup się na zrozumieniu ścieżek Bożej Opatrzności. Przez gorącą modlitwę oddal się od tej ziemi i wznieś się do Nieba, gdzie Wszechmogący Bóg i Maryja, Jego Córka, Matka i Oblubienica, mieszkają i oczekują twoich pokornych próśb. Jako pielgrzym na tym świecie, upadnij do ich stóp błagając o łaski potrzebne do twojego zbawienia.

Modlitwa

O niedoścignione Światło Nadprzyrodzonej Prawdy, które z niebiańskim splendorem oświecasz nas i prowadzisz do Siebie za pośrednictwem naszej przewodniczki i opiekunki Najświętszej Maryi Panny, Twojego najwspanialszego stworzenia! Oświeć nasze umysły blaskiem silnej i żywej wiary. To właśnie taka wiara poruszyła naszą Matkę Dobrego Zdarzenia, by pojawić się przed oczami błogosławionej zakonnicy, Matki Marianny od Jezusa Torres. Ponieważ pragniemy cieszyć się nadprzyrodzonymi dobrami, pomóż nam być mniej zatroskanymi o sprawy ziemskie. Z opieką Najświętszej Dziewicy oraz ze stałą i pewną wiarą w objawione tajemnice, pomóż nam żyć kontemplując świetność rzeczy ostatecznych i oczekując radości widzenia Ciebie i Błogosławionej Marii przez całą wieczność. Amen.

Akt dziękczynienia Najświętszej Maryi Pannie
Powtarzany każdego dnia nowenny

O Dziewico, błogosławiona między wszystkimi niewiastami! Brakuje nam słów, by podziękować Ci za wszystkie łaski, które otrzymaliśmy z Twoich rąk. Dzień Twoich narodzin, może być nazwany dniem pocieszenia, szczęścia i dziękczynienia. Tyś jest chlubą rodzaju ludzkiego, szczęśliwością Raju, umiłowanym darem Bożym i dobrobytem dla naszego kraju. Jak sobie zasłużyliśmy, o Błogosławiona Maryjo Dobrego Zdarzenia, by mieć Ciebie za naszą Matkę? Niech Bóg będzie na zawsze uwielbiony za to, że tak uczynił. Bądź pochwalona również i Ty, Przenajświętsza Dziewico, ponieważ pomimo tak wielkiej naszej niewdzięczności, okazałaś nam swoje względy.

Zatem Ty, najłaskawsza Matko, jesteś naszym pocieszeniem, ucieczką i wspomożeniem na ziemi, naszą obroną we wszystkich publicznych i prywatnych potrzebach. Strzeż nas przed wojną, zarazą, głodem, zawieruchą, trzęsieniem ziemi i wszystkimi innymi kataklizmami na które zasłużyliśmy. Módl się za Kościół Święty i za jego Widzialną Głowę. Usłysz błagania tych, którzy Cię wzywają. Bądź dla nas, którzy pokładamy w Tobie całą naszą nadzieję Rzeczniczką i Matką. Do Ciebie uciekamy się i za Twoim pośrednictwem spodziewamy się otrzymać od Twojego Syna przebaczenie za nasze grzechy i wytrwanie w łasce do godziny naszej śmierci. Amen.
Tutaj każdy powinien wznieść swoje serce do Boga i prosić Go za pośrednictwem Najświętszej Maryi Panny o szczególne dary i łaski, które pragnie otrzymać.

Modlitwa do Najświętszej Maryi Panny
Powtarzana każdego dnia nowenny

O Maryjo Dziewico, nasza Matko przekraczająca Swoją godnością wszelkie stworzenie.
Odpowiedź: *Przybądź nam z pomocą i pokaż nam Swoje Miłosierdzie, ponieważ Tyś jest naszą Matką.*

Ponad wszystkie inne, Tyś była baczna na Słowo Ojca, Który uczynił wielkie rzeczy na Twoją cześć.
Przybądź nam z pomocą i pokaż nam Swoje Miłosierdzie, ponieważ Tyś jest naszą Matką.

Tyś jest najcenniejszą Świątynią Trójcy Świętej.
Przybądź nam z pomocą i pokaż nam Swoje Miłosierdzie, ponieważ Tyś jest naszą Matką.

W Tobie jest ta sama czystość, jaką cieszą się Aniołowie.
Przybądź nam z pomocą i pokaż nam Swoje Miłosierdzie, ponieważ Tyś jest naszą Matką.

Chrześcijański świat głosi, że Ty panujesz po prawicy Króla Królów.
Przybądź nam z pomocą i pokaż nam Swoje Miłosierdzie, ponieważ Tyś jest naszą Matką.

O Matko wszelkiej łaski, nasza nadziejo, Przystani Rozbitków i Gwiazdo Morska.
Przybądź nam z pomocą i pokaż nam Swoje Miłosierdzie, ponieważ Tyś jest naszą Matką.

Bramo Nieba, Zdrowie Chorych, Światłości w Ciemnościach.
Przybądź nam z pomocą i pokaż nam Swoje Miłosierdzie, ponieważ Tyś jest naszą Matką.

Poprzez Ciebie znajdziemy się przed Bogiem na dworze Świętych, gdzie On żyje i króluje na wieki wieków.
Przybądź nam z pomocą i pokaż nam Swoje Miłosierdzie, ponieważ Tyś jest naszą Matką.

Prowadź nasze kroki i strzeż nas, o przenajsłodsza Maryjo, w naszej ostatniej godzinie.
Przybądź nam z pomocą i pokaż nam Swoje Miłosierdzie, ponieważ Tyś jest naszą Matką.

Przyjmij pochwały płynące z naszych ust, które nie są w stanie wyrazić Twojego nadzwyczajnego majestatu.
Przybądź nam z pomocą i pokaż nam Swoje Miłosierdzie, ponieważ Tyś jest naszą Matką.

Antyfona: Przenajświętsza Maryjo, ratuj nędznych, wspomagaj słabych, pocieszaj cierpiących, oręduj za narodami, wstawiaj się za duchownymi, módl się za wszystkimi wiernymi. Pozwól wszystkim tym, którzy obchodzą Twoje święte wspomnienie, odczuć Twoją przychylność i opiekę.

V. Módl się za nami, Matko Boża Dobrego Zdarzenia!
R. Abyśmy stali się godnymi obietnic Chrystusowych.

Modlitwa końcowa
Powtarzana na końcu, każdego dnia nowenny

Prosimy Cię Panie Boże, racz za przyczyną Najświętszej Dziewicy Maryi,
udzielić nam zdrowia duszy i ciała, a przez Jej zasługi i przez zasługi Jej Najdostojniejszego Syna spraw, abyśmy byli wolni od obecnego zła i osiągnęli życie wieczne w Niebie. Amen.

Siódmy dzień nowenny do Matki Bożej Dobrego Zdarzenia

Akt skruchy
Powtarzany na początku, każdego dnia nowenny

Wierzę w Ciebie, o mój Boże, lecz umocnij moją wiarę. Pokładam w Tobie moją nadzieję, lecz upewnij mnie w oczekiwaniu na wieczność. Kocham Cię, lecz powiększ moją miłość. Żałuję, że Cię obraziłem, ale wzbudź we mnie, Panie, jeszcze większą skruchę tak, abym za pomocą Twojej łaski i za wstawiennictwem Matki Bożej Dobrego Zdarzenia nigdy więcej nie zgrzeszył. O Boże, miej litość i miłosierdzie nade mną. Amen.

Modlitwa wstępna
Powtarzana każdego dnia nowenny

O najwspanialsza i niepokalana Królowo Nieba, Przenajświętsza Maryjo Dobrego Zdarzenia, najłaskawsza Córko Wiecznego Ojca, najukochańsza Matko Bożego Syna, najbardziej umiłowana Oblubienico Ducha Świętego, Czcigodna Świątynio Przenajświętszej Trójcy, w której Trzy Osoby Boże umieściły skarbiec swojej Potęgi, Mądrości i Miłości!

Pamiętaj, o Błogosławiona Maryjo Dobrego Zdarzenia, że Bóg uczynił Cię tak wielką, byś mogła przynosić ratunek nędznym grzesznikom. Pamiętaj, że Sama często obiecywałaś, iż ukażesz się jako miłosierna Matka wszystkim, którzy będą się do Ciebie uciekać. Przychodzę więc do Ciebie, najmiłościwsza Maryjo i błagam Cię, przez Twoją miłość do Najwyższego, abyś uprosiła mi u Boga Ojca żywą Wiarę, która nigdy nie utraci spojrzenia na wieczne prawdy; u Boga Syna niewzruszoną

Nadzieję, która zawsze będzie dążyć do osiągnięcia tej chwały, którą wysłużył mi On przez swoją Krew, a u Ducha Świętego gorącą Miłość, dzięki której do końca moich dni mógłbym kochać Wszechmogącego Boga i Ciebie, Przenajświętsza Dziewico, a za Twoim pośrednictwem cieszyć się radością wiecznej chwały w Niebie. Amen.

Chwalimy Cie Maryjo, jako Wyróżnioną Córkę Boga Ojca.
Zdrowaś Maryjo...

Chwalimy Cię Maryjo, jako Wybraną Matkę Boga Syna.
Zdrowaś Maryjo...

Chwalimy Cię Maryjo, jako Osobliwą Oblubienicą Ducha Świętego.
Zdrowaś Maryjo...
Chwała Ojcu...

Dzień siódmy

Rozważmy, jak szczęśliwa zakonnica, w religijnym ferworze, w blasku zalewającego ją światła, utkwiła swój wzrok na jego źródle, dostrzegając przed sobą Damę o niezwykłej piękności i życzliwej twarzy. Gdy światło się rozproszyło, dostrzegła, że Pani trzymała w swojej lewej ręce Dziecko, jasne i świecące jak poranna gwiazda, pełne łaski i dobroci, o delikatnych i uprzejmych cechach. W swojej prawej ręce trzymała ona piękne berło z błyszczącego złota, przyozdobione drogimi klejnotami, a na jej skroniach znajdowała się przepiękna korona ze szlachetnymi kamieniami. Ubrana była w strój podobny do tego ze Statuy (w Hiszpanii) Matki Bożej Dobrego Zdarzenia, której cudowne odkrycie było opisane wcześniej i do której pobożna Koncepcjonistka modliła się, gdy otrzymała łaskę tej wizji.

Święta zakonnica, zdając sobie sprawę z odwiedzin Niebieskiej Matki, była jednocześnie w radosnym uniesieniu i pokornym zmieszaniu. Jej dusza napełniła się zachwytem i wdzięcznością bez miary, a jej serce zalane zostało świętymi uczuciami. Gdy żywa wiara, niezwykła ufność i głęboka miłość ogarnęły całą Jej istotę zapytała: ,, Kim jesteś i czego sobie ode mnie życzysz?"

Wtedy, o cudu dobroci! Słodkim i łagodnym głosem Pani odpowiedziała: „Jestem Matką Bożą Dobrego Zdarzenia, którą przywoływałaś z tak czułym oddaniem. Twoje modlitwy bardzo mi się podobały. Twoja wiara przyprowadziła mnie tutaj. Twoja miłość zaprosiła mnie, abym cię odwiedziła."

Rozważ, moja duszo, niezwykły przywilej tej błogosławionej siostry, która przez swoją wiarę, nabożeństwo i gorliwość w modlitwie, zasłużyła by przyciągnąć obecność Najświętszej Marii Panny i w ten sposób kontemplować Ją, tak kochaną, tak czystą i tak piękną, oraz być olśnioną przez Jej splendor, cieszyć się intymnością wraz z Nią, a także słyszeć Jej przyjemny głos. Ach! Szczęśliwe stworzenie! Jak wielka była miłość do twojej Niebieskiej Matki! Jak mocna twoja skłonność, by uniżyć się przed Nią i prosić Ją w twoich potrzebach! Jak płonące było twoje pragnienie by z Nią być! Jak nieustanne, uważne i pobożne były twoje modlitwy.

Ta dobroć Maryi powinna nas zachęcić by wzywać Ją z głęboką wiarą, pod tytułem Matki Bożej Dobrego Zdarzenia. By modlić się do Niej zawsze z uwagą i zaufaniem, pamiętając, że tylko żywa wiara i baczna uwaga w modlitwie mogą uczynić nas godnymi bycia wysłuchanymi i zaszczyconymi przez Najświętszą Dziewicę, ale nie uprzywilejowaną wizją, lecz innymi darami łaski które pomogą nam zatriumfować nad naszymi namiętnościami i nad wrogami naszej duszy.

Modlitwa

O Boże wszelkiej dobroci, który raczyłeś nagrodzić wiarę i gorliwe uniesienie pobożności Twojej wybranej duszy, przez nawiedzenie Najświętszej Maryi Panny. Usłysz także nasze modlitwy, aby obecność Statuy Matki Bożej Dobrego Zdarzenia mogła oświecić naszą wiarę i zwiększyć nasze zaufanie, tak aby dobrotliwie wysłuchała Ona naszych modlitw. Udziel nam, w Swojej ojcowskiej dobroci, coraz większej wiary. Spraw, abyśmy byli coraz pewniejsi, że otrzymamy to o co prosimy. Uczyń nas także coraz gorliwszymi w naszych modlitwach, tak byśmy wspierani wspaniałym męstwem naszej potężnej Patronki, mogli być uwolnieni od niebezpieczeństw, które nam zagrażają. Abyśmy Ci lepiej służyli i zaskarbili sobie możliwość przebywania w Twoim towarzystwie i w towarzystwie Najświętszej Maryi Panny w Niebie przez całą wieczność. Amen.

Akt dziękczynienia Najświętszej Maryi Pannie
Powtarzany każdego dnia nowenny

O Dziewico, błogosławiona między wszystkimi niewiastami! Brakuje nam słów, by podziękować Ci za wszystkie łaski, które otrzymaliśmy z Twoich rąk. Dzień Twoich narodzin, może być nazwany dniem pocieszenia, szczęścia i dziękczynienia. Tyś jest chlubą rodzaju ludzkiego, szczęśliwością Raju, umiłowanym darem Bożym i dobrobytem dla naszego kraju. Jak sobie zasłużyliśmy, o Błogosławiona Maryjo Dobrego Zdarzenia, by mieć Ciebie za naszą Matkę? Niech Bóg będzie na zawsze uwielbiony za to, że tak uczynił. Bądź pochwalona również i Ty, Przenajświętsza Dziewico, ponieważ pomimo tak wielkiej naszej niewdzięczności, okazałaś nam swoje względy.

Zatem Ty, najłaskawsza Matko, jesteś naszym pocieszeniem, ucieczką i wspomożeniem na ziemi, naszą obroną we wszystkich publicznych i prywatnych potrzebach. Strzeż nas przed wojną, zarazą, głodem, zawieruchą, trzęsieniem ziemi i wszystkimi innymi kataklizmami na które zasłużyliśmy. Módl się za Kościół Święty i za jego Widzialną Głowę. Usłysz błagania tych, którzy Cię wzywają. Bądź dla nas, którzy pokładamy w Tobie całą naszą nadzieję Rzeczniczką i Matką. Do Ciebie uciekamy się i za Twoim pośrednictwem spodziewamy się otrzymać od Twojego Syna przebaczenie za nasze grzechy i wytrwanie w łasce do godziny naszej śmierci. Amen.

Tutaj każdy powinien wznieść swoje serce do Boga i prosić Go za pośrednictwem Najświętszej Maryi Panny o szczególne dary i łaski, które pragnie otrzymać.

Modlitwa do Najświętszej Maryi Panny
Powtarzana każdego dnia nowenny

O Maryjo Dziewico, nasza Matko przekraczająca Swoją godnością wszelkie stworzenie.
Odpowiedź: *Przybądź nam z pomocą i pokaż nam Swoje Miłosierdzie, ponieważ Tyś jest naszą Matką.*

Ponad wszystkie inne, Tyś była baczna na Słowo Ojca, Który uczynił wielkie rzeczy na Twoją cześć.
Przybądź nam z pomocą i pokaż nam Swoje Miłosierdzie, ponieważ Tyś jest naszą Matką.

Tyś jest najcenniejszą Świątynią Trójcy Świętej.
Przybądź nam z pomocą i pokaż nam Swoje Miłosierdzie, ponieważ Tyś jest naszą Matką.

W Tobie jest ta sama czystość, jaką cieszą się Aniołowie.
Przybądź nam z pomocą i pokaż nam Swoje Miłosierdzie, ponieważ Tyś jest naszą Matką.

Chrześcijański świat głosi, że Ty panujesz po prawicy Króla Królów.
Przybądź nam z pomocą i pokaż nam Swoje Miłosierdzie, ponieważ Tyś jest naszą Matką.

O Matko wszelkiej łaski, nasza nadziejo, Przystani Rozbitków i Gwiazdo Morska.
Przybądź nam z pomocą i pokaż nam Swoje Miłosierdzie, ponieważ Tyś jest naszą Matką.

Bramo Nieba, Zdrowie Chorych, Światłości w Ciemnościach.
Przybądź nam z pomocą i pokaż nam Swoje Miłosierdzie, ponieważ Tyś jest naszą Matką.

Poprzez Ciebie znajdziemy się przed Bogiem na dworze Świętych, gdzie On żyje i króluje na wieki wieków.

Przybądź nam z pomocą i pokaż nam Swoje Miłosierdzie, ponieważ Tyś jest naszą Matką.

Prowadź nasze kroki i strzeż nas, o przenajsłodsza Maryjo, w naszej ostatniej godzinie.
Przybądź nam z pomocą i pokaż nam Swoje Miłosierdzie, ponieważ Tyś jest naszą Matką.

Przyjmij pochwały płynące z naszych ust, które nie są w stanie wyrazić Twojego nadzwyczajnego majestatu.
Przybądź nam z pomocą i pokaż nam Swoje Miłosierdzie, ponieważ Tyś jest naszą Matką.

Antyfona: Przenajświętsza Maryjo, ratuj nędznych, wspomagaj słabych, pocieszaj cierpiących, oręduj za narodami, wstawiaj się za duchownymi, módl się za wszystkimi wiernymi. Pozwól wszystkim tym, którzy obchodzą Twoje święte wspomnienie, odczuć Twoją przychylność i opiekę.

V. Módl się za nami, Matko Boża Dobrego Zdarzenia!
R. Abyśmy stali się godnymi obietnic Chrystusowych.

Modlitwa końcowa
Powtarzana na końcu, każdego dnia nowenny

Prosimy Cię Panie Boże, racz za przyczyną Najświętszej Dziewicy Maryi,
udzielić nam zdrowia duszy i ciała, a przez Jej zasługi i przez zasługi Jej Najdostojniejszego Syna spraw, abyśmy byli wolni od obecnego zła i osiągnęli życie wieczne w Niebie. Amen.

Ósmy dzień nowenny do Matki Bożej Dobrego Zdarzenia

Akt skruchy
Powtarzany na początku, każdego dnia nowenny

Wierzę w Ciebie, o mój Boże, lecz umocnij moją wiarę. Pokładam w Tobie moją nadzieję, lecz upewnij mnie w oczekiwaniu na wieczność. Kocham Cię, lecz powiększ moją miłość. Żałuję, że Cię obraziłem, ale wzbudź we mnie, Panie, jeszcze większą skruchę tak, abym za pomocą Twojej łaski i za wstawiennictwem Matki Bożej Dobrego Zdarzenia nigdy więcej nie zgrzeszył. O Boże, miej litość i miłosierdzie nade mną. Amen.

Modlitwa wstępna
Powtarzana każdego dnia nowenny

O najwspanialsza i niepokalana Królowo Nieba, Przenajświętsza Maryjo Dobrego Zdarzenia, najłaskawsza Córko Wiecznego Ojca, najukochańsza Matko Bożego Syna, najbardziej umiłowana Oblubienico Ducha Świętego, Czcigodna Świątynio Przenajświętszej Trójcy, w której Trzy Osoby Boże umieściły skarbiec swojej Potęgi, Mądrości i Miłości!

Pamiętaj, o Błogosławiona Maryjo Dobrego Zdarzenia, że Bóg uczynił Cię tak wielką, byś mogła przynosić ratunek nędznym grzesznikom. Pamiętaj, że Sama często obiecywałaś, iż ukażesz się jako miłosierna Matka wszystkim, którzy będą się do Ciebie uciekać. Przychodzę więc do Ciebie, najmiłościwsza Maryjo i błagam Cię, przez Twoją miłość do Najwyższego, abyś uprosiła mi u Boga Ojca żywą Wiarę, która nigdy nie utraci spojrzenia na wieczne prawdy; u Boga Syna niewzruszoną

Nadzieję, która zawsze będzie dążyć do osiągnięcia tej chwały, którą wysłużył mi On przez swoją Krew, a u Ducha Świętego gorącą Miłość, dzięki której do końca moich dni mógłbym kochać Wszechmogącego Boga i Ciebie, Przenajświętsza Dziewico, a za Twoim pośrednictwem cieszyć się radością wiecznej chwały w Niebie. Amen.

    Chwalimy Cie Maryjo, jako Wyróżnioną Córkę Boga Ojca.
    Zdrowaś Maryjo...

    Chwalimy Cię Maryjo, jako Wybraną Matkę Boga Syna.
    Zdrowaś Maryjo...

    Chwalimy Cię Maryjo, jako Osobliwą Oblubienicą Ducha Świętego.
    Zdrowaś Maryjo...
    Chwała Ojcu...

Dzień ósmy

Rozważmy, że Najświętsza Dziewica, ukazując się siostrze, nie chciała zaszczycić tylko jej samej jedną krótkotrwałą łaską. Pan Bóg, w planie swojej Opatrzności, zawsze obdarza kogoś swoimi specjalnymi darami, by zwiększyć pobożność, pobudzić moralny postęp i udoskonalić zakonną dyscyplinę wszystkich członków wspólnoty, kraju lub całego Kościoła. Dlatego Matka Boża Dobrego Zdarzenia powiedziała do siostry Marianny: „Jest wolą Bożą, abym zleciła ci wykonanie statuy, która będzie przedstawiać to objawienie we wszystkich jego szczegółach, po to, aby mogła ona być umieszczona bezpośrednio w chórze ponad tronem kseni, gdzie modlą się wszystkie zakonnice, i aby mogły one uznać tą pamiętną statuę jako ich główną przełożoną." Zatem statua powinna wzbudzać nieustanną wdzięczność, szczególną uwagę w modlitwach, doskonałe posłuszeństwo, silną wiarę, ufną nadzieję, i gorącą miłość do Najświętszej Maryi Panny, która w ten sposób ofiarowała się, by panować i przewodniczyć nad tym konwentem.

Och, gdybyśmy mieli żywą wiarę! Z jak wielką czcią i szacunkiem moglibyśmy się postawić przed tą statuą! Jak przenikliwie przypominalibyśmy sobie Jej zjawienie się oraz Jej obietnice i dary! Jak pewni bylibyśmy w naszych prośbach, jak uważni w modlitwach, jak gorliwi w naszym oddaniu, jak spontaniczni w posłuszeństwie, jak regularni w przestrzeganiu Przykazań i naszych obowiązków stanu!

Ożyw, moja duszo, swoją wiarę, a jeżeli brakuje ci jej, proś Boga i Maryję Dobrego Zdarzenia, abyś została nią obdarzona. Tak, aby wyciągając pożytek z tego specjalnego daru i osobliwego przywileju posiadania Matki Bożej Dobrego Zdarzenia za Pośredniczkę, nie musiałabyś być odpowiedzialna za wzgardę lub brak uznania za ten prezent Opatrzności, który otrzymałaś, był zwiększył on twoją bogobojność i zachęcił cię do praktykowania cnót wiary, nadziei, miłości, posłuszeństwa i pełnego wypełniania wszystkich twoich obowiązków i powinności.

Modlitwa

Panie Boże, kochający Obrońco wszystkich pobożnych osób, rodzin i wspólnot, który w Swojej Opatrzności raczysz nas strzec i bronić, ze względu na nasze modlitwy i wypełnianie przez nas naszych obowiązków stanu, usłysz teraz nasze prośby! Zwróć uwagę na nasze wołania, rozpal płomień naszej wiary, byśmy pod Twoją potężną obroną nie musieli obawiać się naszych wrogów. Bo jeśli Ty będziesz z nami, nic nie jest w stanie nam zaszkodzić. Udziel nam bezgranicznego zaufania Najświętszej Maryi Pannie Dobrego Zdarzenia, oraz łaski posłuszeństwa i przestrzegania naszych konstytucji i reguł [lub wypełnienia obowiązków naszego stanu], abyśmy mogli stać się godnymi otrzymania wspaniałego daru tak świętego prałata i tak potężnego opiekuna, że sami stalibyśmy się Twoim wdzięcznym, poddanym, lojalnym, pełnym szacunku i posłuszeństwa ludem; i tak, abyśmy pewnego dnia mogli śpiewać hymny ku Twojej chwale w Niebie. Tobie, Ojcu, Synowi i Duchowi Świętemu, który uczyniłeś Maryję Córką, Matką i Oblubienicą Trójcy Przenajświętszej, Jedynemu Bogu, który żyje i króluje na wieki wieków. Amen.

Akt dziękczynienia Najświętszej Maryi Pannie
Powtarzany każdego dnia nowenny

O Dziewico, błogosławiona między wszystkimi niewiastami! Brakuje nam słów, by podziękować Ci za wszystkie łaski, które otrzymaliśmy z Twoich rąk. Dzień Twoich narodzin, może być nazwany dniem pocieszenia, szczęścia i dziękczynienia. Tyś jest chlubą rodzaju ludzkiego, szczęśliwością Raju, umiłowanym darem Bożym i dobrobytem dla naszego kraju. Jak sobie zasłużyliśmy, o Błogosławiona Maryjo Dobrego Zdarzenia, by mieć Ciebie za naszą Matkę? Niech Bóg będzie na zawsze uwielbiony za to, że tak uczynił. Bądź pochwalona również i Ty, Przenajświętsza Dziewico, ponieważ pomimo tak wielkiej naszej niewdzięczności, okazałaś nam swoje względy.

Zatem Ty, najłaskawsza Matko, jesteś naszym pocieszeniem, ucieczką i wspomożeniem na ziemi, naszą obroną we wszystkich publicznych i prywatnych potrzebach. Strzeż nas przed wojną, zarazą, głodem, zawieruchą, trzęsieniem ziemi i wszystkimi innymi kataklizmami na które zasłużyliśmy. Módl się za Kościół Święty i za jego Widzialną Głowę. Usłysz błagania tych, którzy Cię wzywają. Bądź dla nas, którzy pokładamy w Tobie całą naszą nadzieję Rzeczniczką i Matką. Do Ciebie uciekamy się i za Twoim pośrednictwem spodziewamy się otrzymać od Twojego Syna przebaczenie za nasze grzechy i wytrwanie w łasce do godziny naszej śmierci. Amen.
Tutaj każdy powinien wznieść swoje serce do Boga i prosić Go za pośrednictwem Najświętszej Maryi Panny o szczególne dary i łaski, które pragnie otrzymać.

Modlitwa do Najświętszej Maryi Panny
Powtarzana każdego dnia nowenny

O Maryjo Dziewico, nasza Matko przekraczająca Swoją godnością wszelkie stworzenie.
Odpowiedź: *Przybądź nam z pomocą i pokaż nam Swoje Miłosierdzie, ponieważ Tyś jest naszą Matką.*

Ponad wszystkie inne, Tyś była baczna na Słowo Ojca, Który uczynił wielkie rzeczy na Twoją cześć.
Przybądź nam z pomocą i pokaż nam Swoje Miłosierdzie, ponieważ Tyś jest naszą Matką.

Tyś jest najcenniejszą Świątynią Trójcy Świętej.
Przybądź nam z pomocą i pokaż nam Swoje Miłosierdzie, ponieważ Tyś jest naszą Matką.

W Tobie jest ta sama czystość, jaką cieszą się Aniołowie.
Przybądź nam z pomocą i pokaż nam Swoje Miłosierdzie, ponieważ Tyś jest naszą Matką.

Chrześcijański świat głosi, że Ty panujesz po prawicy Króla Królów.
Przybądź nam z pomocą i pokaż nam Swoje Miłosierdzie, ponieważ Tyś jest naszą Matką.

O Matko wszelkiej łaski, nasza nadziejo, Przystani Rozbitków i Gwiazdo Morska.
Przybądź nam z pomocą i pokaż nam Swoje Miłosierdzie, ponieważ Tyś jest naszą Matką.

Bramo Nieba, Zdrowie Chorych, Światłości w Ciemnościach.
Przybądź nam z pomocą i pokaż nam Swoje Miłosierdzie, ponieważ Tyś jest naszą Matką.

Poprzez Ciebie znajdziemy się przed Bogiem na dworze Świętych, gdzie On żyje i króluje na wieki wieków.
Przybądź nam z pomocą i pokaż nam Swoje Miłosierdzie, ponieważ Tyś jest naszą Matką.

Prowadź nasze kroki i strzeż nas, o przenajsłodsza Maryjo, w naszej ostatniej godzinie.
Przybądź nam z pomocą i pokaż nam Swoje Miłosierdzie, ponieważ Tyś jest naszą Matką.

Przyjmij pochwały płynące z naszych ust, które nie są w stanie wyrazić Twojego nadzwyczajnego majestatu.
Przybądź nam z pomocą i pokaż nam Swoje Miłosierdzie, ponieważ Tyś jest naszą Matką.

Antyfona: Przenajświętsza Maryjo, ratuj nędznych, wspomagaj słabych, pocieszaj cierpiących, oręduj za narodami, wstawiaj się za duchownymi, módl się za wszystkimi wiernymi. Pozwól wszystkim tym, którzy obchodzą Twoje święte wspomnienie, odczuć Twoją przychylność i opiekę.

V. Módl się za nami, Matko Boża Dobrego Zdarzenia!
R. Abyśmy stali się godnymi obietnic Chrystusowych.

Modlitwa końcowa
Powtarzana na końcu, każdego dnia nowenny

Prosimy Cię Panie Boże, racz za przyczyną Najświętszej Dziewicy Maryi,
udzielić nam zdrowia duszy i ciała, a przez Jej zasługi i przez zasługi Jej Najdostojniejszego Syna spraw, abyśmy byli wolni od obecnego zła i osiągnęli życie wieczne w Niebie. Amen.

Dziewiąty dzień nowenny do Matki Bożej Dobrego Zdarzenia

Akt skruchy
Powtarzany na początku, każdego dnia nowenny

Wierzę w Ciebie, o mój Boże, lecz umocnij moją wiarę. Pokładam w Tobie moją nadzieję, lecz upewnij mnie w oczekiwaniu na wieczność. Kocham Cię, lecz powiększ moją miłość. Żałuję, że Cię obraziłem, ale wzbudź we mnie, Panie, jeszcze większą skruchę tak, abym za pomocą Twojej łaski i za wstawiennictwem Matki Bożej Dobrego Zdarzenia nigdy więcej nie zgrzeszył. O Boże, miej litość i miłosierdzie nade mną. Amen.

Modlitwa wstępna
Powtarzana każdego dnia nowenny

O najwspanialsza i niepokalana Królowo Nieba, Przenajświętsza Maryjo Dobrego Zdarzenia, najłaskawsza Córko Wiecznego Ojca, najukochańsza Matko Bożego Syna, najbardziej umiłowana Oblubienico Ducha Świętego, Czcigodna Świątynio Przenajświętszej Trójcy, w której Trzy Osoby Boże umieściły skarbiec swojej Potęgi, Mądrości i Miłości!

Pamiętaj, o Błogosławiona Maryjo Dobrego Zdarzenia, że Bóg uczynił Cię tak wielką, byś mogła przynosić ratunek nędznym grzesznikom. Pamiętaj, że Sama często obiecywałaś, iż ukażesz się jako miłosierna Matka wszystkim, którzy będą się do Ciebie uciekać. Przychodzę więc do Ciebie, najmiłościwsza Maryjo i błagam Cię, przez Twoją miłość do Najwyższego, abyś uprosiła mi u Boga Ojca żywą Wiarę, która nigdy nie utraci spojrzenia na wieczne prawdy; u Boga Syna niewzruszoną

Nadzieję, która zawsze będzie dążyć do osiągnięcia tej chwały, którą wysłużył mi On przez swoją Krew, a u Ducha Świętego gorącą Miłość, dzięki której do końca moich dni mógłbym kochać Wszechmogącego Boga i Ciebie, Przenajświętsza Dziewico, a za Twoim pośrednictwem cieszyć się radością wiecznej chwały w Niebie. Amen.

Chwalimy Cie Maryjo, jako Wyróżnioną Córkę Boga Ojca.
Zdrowaś Maryjo...

Chwalimy Cię Maryjo, jako Wybraną Matkę Boga Syna.
Zdrowaś Maryjo...

Chwalimy Cię Maryjo, jako Osobliwą Oblubienicą Ducha Świętego.
Zdrowaś Maryjo...
Chwała Ojcu...

Dzień dziewiąty

Rozważmy, jak czuła się pokorna siostra słysząc wezwanie Najświętszej Marii Panny, by uczynić statuę tego samego wzrostu i wyglądu jak w objawieniach. Próbowała się ona usprawiedliwić, mówiąc, że byłoby to niemożliwe, że żaden rzeźbiarz nie byłby w stanie odtworzyć tak rzadkiego piękna, ani oddać go z precyzją w odpowiednich proporcjach. Piękna Pani z najsympatyczniejszą wyrozumiałością, odpowiedziała jej: „Nic się o to nie martw. Ściągnij sznur, który nosisz wokół pasa i zmierz nim mój wzrost."

Powodowana naturalnym strachem zakonnica nie śmiała dotknąć swoimi rękoma Maryi. Królowa Niebios sama wzięła więc koniec sznura i przyłożyła go do swojej głowy, podczas gdy siostra dotknęła drugim końcem Jej stóp, mierząc w ten sposób dokładny wzrost wspaniałej istoty. Najświętsza Dziewica powiedziała: „Jak ci mówiłam, masz tutaj miarę wzrostu potrzebną dla statuy, której wykonanie zlecisz, a reszta miar powinna być proporcjonalna do niej. Umieść figurę w miejscu, które Ci wskazałam, z pastorałem i kluczami do klasztoru w mojej prawej ręce, ponieważ pragnę być orędowniczką i opiekunką tego konwentu." Po wypowiedzeniu tego, wizja zniknęła.

Serce siostry, która dopiero co otrzymała tak niezwykły zaszczyt i tak miłą misję, było wypełnione i przepojone wdzięcznością oraz ciepłą miłością do Najświętszej Marii Panny! O moja duszo, szukaj w swoim sercu podobnego uczucia i rozpłyń się we wdzięczności do Matki Bożej Dobrego Sukcesu, naszej rzeczniczki i opiekunki. Pozwól mi wielbić Jej podobiznę z najczulszą wdzięcznością i z żywym pragnieniem prowadzenia życia świętego, posłusznego i w przestrzeganiu wszystkich obowiązków mojego stanu.

Wtedy świętobliwa siostra, uprzywilejowana tą wizją, rozpoczęła poszukiwania utalentowanego rzeźbiarza, który mógłby rozpocząć prace nad statuą zlecone jej przez samą Matkę Bożą. Tak, aby ta figura, pełna słodyczy i majestatu, wytrwała na swym miejscu do końca czasów, czczona w wyższym chórze tego klasztoru, przez zakonnice, które zawsze uciekają się do niej w swoich najpoważniejszych konfliktach. By służyła także jako ostoja we wszystkich potrzebach ludzi, którzy za jej pośrednictwem będą mieli otrzymać wiele cudownych darów i specjalnych łask, uproszonych u jej stóp.

Miara wzrostu dana przez Maryję symbolizuje miarę Jej pokory, posłuszeństwa i miłości do Boga i do bliźniego, którą daje nam abyśmy starali się ją odwzorować. Naśladuj je, a będziesz nosił w swoim sercu obraz Najświętszej Dziewicy. Staraj się jak ta świętobliwa siostra odtworzyć moralny wizerunek twojej Niebieskiej Matki w twoich obyczajach i zapatrywaniach, w twoich zachowaniach i sposobie działania, w twojej wierności codziennym obowiązkom i modlitwom, w twojej pokorze i szczerości, w twojej czystości i oderwaniu od ziemskich rzeczy aspirując tylko do niebiańskich dóbr.

Modlitwa

O Boże! Czuły Ojcze Swoich stworzeń, który na różne sposoby ukazujesz nam Swoją ojcowską troskę i przewodnictwo, przede wszystkim, dając nam Najświętszą Marię Pannę, jako naszą rzeczniczkę, opiekunkę i idealny model cnót. Wlej w nasze serca nieustanne pragnienie, by naśladować naszą Matkę i Królową, wzorując na Niej nasze myśli, pragnienia i czyny, tak abyśmy mogli na tyle, na ile pozwala nasza skażona natura, być do Niej podobni. Spraw Panie, abyśmy wsparci Twoją Boską Łaską, mogli podbić nasze namiętności i otrzymać najwyborniejsze dary, które nasza Matka i rzeczniczka przyznaje wszystkim swoim dzieciom, przychodzącym do Niej z ufnością w swoich naglących potrzebach. Obyśmy odnaleźli Ją gotową do wspierania nas, w ostatnim, najtrudniejszym momencie naszego życia, a następnie cieszyli się szczęściem Jej towarzystwa w Niebie na wieki wieków. Amen.

Akt dziękczynienia Najświętszej Maryi Pannie
Powtarzany każdego dnia nowenny

O Dziewico, błogosławiona między wszystkimi niewiastami! Brakuje nam słów, by podziękować Ci za wszystkie łaski, które otrzymaliśmy z Twoich rąk. Dzień Twoich narodzin, może być nazwany dniem pocieszenia, szczęścia i dziękczynienia. Tyś jest chlubą rodzaju ludzkiego, szczęśliwością Raju, umiłowanym darem Bożym i dobrobytem dla naszego kraju. Jak sobie zasłużyliśmy, o Błogosławiona Maryjo Dobrego Zdarzenia, by mieć Ciebie za naszą Matkę? Niech Bóg będzie na zawsze uwielbiony za to, że tak uczynił. Bądź pochwalona również i Ty, Przenajświętsza Dziewico, ponieważ pomimo tak wielkiej naszej niewdzięczności, okazałaś nam swoje względy.

Zatem Ty, najłaskawsza Matko, jesteś naszym pocieszeniem, ucieczką i wspomożeniem na ziemi, naszą obroną we wszystkich publicznych i prywatnych potrzebach. Strzeż nas przed wojną, zarazą, głodem, zawieruchą, trzęsieniem ziemi i wszystkimi innymi kataklizmami na które zasłużyliśmy. Módl się za Kościół Święty i za jego Widzialną Głowę. Usłysz błagania tych, którzy Cię wzywają. Bądź dla nas, którzy pokładamy w Tobie całą naszą nadzieję Rzeczniczką i Matką. Do Ciebie uciekamy się i za Twoim pośrednictwem spodziewamy się otrzymać od Twojego Syna przebaczenie za nasze grzechy i wytrwanie w łasce do godziny naszej śmierci. Amen.
Tutaj każdy powinien wznieść swoje serce do Boga i prosić Go za po-

średnictwem Najświętszej Maryi Panny o szczególne dary i łaski, które pragnie otrzymać.

Modlitwa do Najświętszej Maryi Panny
Powtarzana każdego dnia nowenny

O Maryjo Dziewico, nasza Matko przekraczająca Swoją godnością wszelkie stworzenie.
Odpowiedź: Przybądź nam z pomocą i pokaż nam Swoje Miłosierdzie, ponieważ Tyś jest naszą Matką.

Ponad wszystkie inne, Tyś była baczna na Słowo Ojca, Który uczynił wielkie rzeczy na Twoją cześć.
Przybądź nam z pomocą i pokaż nam Swoje Miłosierdzie, ponieważ Tyś jest naszą Matką.

Tyś jest najcenniejszą Świątynią Trójcy Świętej.
Przybądź nam z pomocą i pokaż nam Swoje Miłosierdzie, ponieważ Tyś jest naszą Matką.

W Tobie jest ta sama czystość, jaką cieszą się Aniołowie.
Przybądź nam z pomocą i pokaż nam Swoje Miłosierdzie, ponieważ Tyś jest naszą Matką.

Chrześcijański świat głosi, że Ty panujesz po prawicy Króla Królów.
Przybądź nam z pomocą i pokaż nam Swoje Miłosierdzie, ponieważ Tyś jest naszą Matką.

O Matko wszelkiej łaski, nasza nadziejo, Przystani Rozbitków i Gwiazdo Morska.
Przybądź nam z pomocą i pokaż nam Swoje Miłosierdzie, ponieważ Tyś jest naszą Matką.

Bramo Nieba, Zdrowie Chorych, Światłości w Ciemnościach.
Przybądź nam z pomocą i pokaż nam Swoje Miłosierdzie, ponieważ Tyś jest naszą Matką.

Poprzez Ciebie znajdziemy się przed Bogiem na dworze Świętych, gdzie On żyje i króluje na wieki wieków.
Przybądź nam z pomocą i pokaż nam Swoje Miłosierdzie, ponieważ Tyś jest naszą Matką.

Prowadź nasze kroki i strzeż nas, o przenajsłodsza Maryjo, w naszej ostatniej godzinie.
Przybądź nam z pomocą i pokaż nam Swoje Miłosierdzie, ponieważ Tyś jest naszą Matką.

Przyjmij pochwały płynące z naszych ust, które nie są w stanie wyrazić Twojego nadzwyczajnego majestatu.
Przybądź nam z pomocą i pokaż nam Swoje Miłosierdzie, ponieważ Tyś jest naszą Matką.

Antyfona: Przenajświętsza Maryjo, ratuj nędznych, wspomagaj słabych, pocieszaj cierpiących, oręduj za narodami, wstawiaj się za duchownymi, módl się za wszystkimi wiernymi. Pozwól wszystkim tym, którzy obchodzą Twoje święte wspomnienie, odczuć Twoją przychylność i opiekę.

V. Módl się za nami, Matko Boża Dobrego Zdarzenia!
R. Abyśmy stali się godnymi obietnic Chrystusowych.

Modlitwa końcowa
Powtarzana na końcu, każdego dnia nowenny

Prosimy Cię Panie Boże, racz za przyczyną Najświętszej Dziewicy Maryi,
udzielić nam zdrowia duszy i ciała, a przez Jej zasługi i przez zasługi Jej Najdostojniejszego Syna spraw, abyśmy byli wolni od obecnego zła i osiągnęli życie wieczne w Niebie. Amen.

Nowenna Ojca José M. Urrate S.J. posiada *Imprimatur* Arcybiskupa Quito Carlosa Maria wydane przez Władze Kościelne Archidiecezji Quito, 31 czerwca 1941 roku.

www.ingramcontent.com/pod-product-compliance
Lightning Source LLC
Chambersburg PA
CBHW071837290426
44109CB00017B/1838